켈리 쌤의 성격별 영어 공부법

영어, 언제까지 헤맬래?
이젠 끝장내자!

이 책은 영어를 즐기기보다는 영어와 씨름해야 하는
입시 영어의 길로 막 들어선 중학생들을 위한 책이에요.
아이들이 자신만의 영어 공부법을 찾는 데
도움을 주기 위해 아이들의 성격 유형별로 영어의
각 영역별(읽기, 쓰기, 듣기, 말하기) 공부법을
자세히 알려 주지요.
그리고 책 곳곳에 부모님께서 영어 공부와
관련해 아셔야 할 내용들을 함께 실었습니다.

켈리 쌤의 성격별 영어 공부법

'영'어

언제까지 헤맬래?

이젠 **끝장**내자!

함규연 지음

이지출판

배움의 목표는 서로 비슷할지라도 그 목표를 달성하기 위해 거쳐
야 할 과정은 개개인의 성격이나 취향 등 주관적인 요소에 많은 영
향을 받습니다.

이 책은 '왜 영어를 공부해야 하는가' 라는 근본적인 질문에 학생
스스로 답을 찾아보고 자신과 맞지 않은 공부법을 과감히 버릴 수
있도록 자가진단법과 해결책을 제시해 줍니다. 또한 영어 공부를
누군가의 강요에 의해서가 아니라 주도적으로 공부할 수 있도록
좀 더 재미있게 영어 공부법을 다양한 사례와 함께 실었습니다.

저자 함규연 선생님은 현장에서 활동하고 있는 영어 교육자로서, 학생들의 영어에 관한 궁금증에 대해 시원한 해결책을 제시하고 있어, 그동안 잘못 알고 있었던 영어에 대한 착각들을 바로잡을 수 있는 계기가 될 것입니다.

기존의 획일적인 영어 공부법이 아니라, 자신의 성격을 반영한 영어 공부법을 통해 여러분 모두 영어에 대해 세운 목표를 꼭 달성할 수 있기를 바랍니다.

2014년 2월

Steven K. Lee 박사

University of Southern California Korea 대표

(남가주대학교 교수)

"영어를 잘해야만 성공해!"

"엄마 친구 딸은 그 영어 학원에 다녀서 성적이 엄청 올랐대. 너도 그 학원으로 당장 옮겨야겠다."

"영어 시험은 정말 잘 봐야 해!"

"넌 왜 영어 성적이 늘 그 모양이니? 대체 누굴 닮은 거야!"

어디서 많이 들어본 말 같지 않니? 집에서건 학교에서건 우리는 어려서부터 영어를 잘해야 한다고 귀에 못이 박히도록 들었지.

하지만 아무리 외국어에 남다른 재능이 있고 영어 공부를 열심히 해 왔더라도 영어 정복의 길은 누구에게나 멀고도 험하단다.

"똑같이 공부하는데 왜 친구들만 성적이 오르는 걸까요?"

"전 아기 때부터 영어를 시작했고 영어 DVD도 많이 봤는데 왜 영어는 잘 못하는 걸까요?"

"캐나다에서 일 년간 연수하고 왔는데 영어가 여전히 어렵고 성적도 잘 안 올라요."

너희도 혹시 이런 고민과 의문으로 스트레스를 받고 있지는 않니? 자, 주변에 영어를 잘하는 친구들을 한번 살펴보자. 각자 나름대로 영어 공부법을 터득하고 이를 꾸준히 실행에 옮기는 것을 볼 수 있을 거야. 물론 남들보다 머리가 더 좋거나 집중을 더 잘하는 등 영어를 잘하는 아이들에겐 다른 이유가 있을 수 있어. 하지만 영어를 잘하는 가장 기본적인 방법은 자신에게 맞는 영어 공부법을 찾아 꾸준히 실천하는 것이란다.

그럼 각자에게 맞는 영어 공부법을 알기 위해 가장 먼저 해야 할 일은 뭘까? 바로 자신의 성격부터 제대로 파악하는 거야. 성격별로 다르게 접근하는 영어 공부법은, 활발한 성격은 팝송을 크게 따라 부르거나 무조건 외국인에게 다가가 말을 걸어 보거나… 등의 방법이 아니야. 우선 자신의 성격을 솔직하게 이해한 다음, 여러 가지 방법 중 자신에게 가장 잘 맞는다고 생각되는 영어 공부법을 선택하고 이를 끊임없이 바꿔 보면서 얻어지는 과정이란다.

켈리 쌤은 그동안 다양한 학생들에게 영어를 가르치면서 영어 단어는 '무조건 반복 암기', 독해는 '문제집 많이 풀기' 그리고 어법은

'책이 너덜너덜해질 때까지 달달 외우기' 등의 공부법들이 오히려 즐겁게 영어를 공부하는 데 방해가 된다는 것을 깨달았어. 물론 학교 수업은 많은 친구들이 동시에 같은 교재로 공부해야 하기 때문에 각자의 성격에 맞춰 공부하기 힘들지.

하지만 이 경우에도 해결책이 아주 없지는 않아. 집에서 예습, 복습을 할 때는 나에게 맞는 방법으로 공부하고 수업시간에는 선생님에게 적극적으로 질문하면서 예습한 내용을 확인하는 시간으로 활용해 보자. 그러면 각자 세운 목표에 좀 더 쉽게 다가갈 수 있을 거야. 자, 지금부터 켈리 쌤과 함께 각자의 성격을 파악하고 어떻게 영어를 공부하면 좋을지 알아보자.

엄마 보세요~

대한민국 엄마들의 자녀 영어 교육은 이미 태교에서부터 시작됩니다. 뱃속의 아이에게 영어 동화책을 읽어 주고, 돌쟁이 아기들도 헝겊으로 된 영어책을 입에 물고 영어 동요를 들으며 하루를 시작하지요.

최근 한 설문조사에 따르면 영어를 처음 접하기에 적당하다고 생각하는 시기로 4~7세가 57%로 가장 많았고, 초등학교 저학년이 26%, 1세부터 3세가 10%, 돌 이전이 4%, 그리고 초등학교 고학년이라고 생각하는 응답자는 4%에 불과했습니다.

이는 늦어도 초등학교 입학 전에 영어 공부를 시작해야만 남들과 비슷한 출발선에 서 있다는 인식이 점점 더 일반화되어 가고 있음을 보여 주는 것이지요.

그러나 시작하는 연령과 상관없이 영어를 잘하고 못하는 것은 대부분 중학교 2학년 때부터 그 차이가 서서히 드러나는데요, 고등학생이 되면 영어 실력 차이를 좁히기가 더욱 어려워져요. 영어를 잘하고 싶지만 어떻게 해야 할지 몰라서 우왕좌왕하는 자녀들이 고등학생이 되기 전에 자신의 영어 공부법을 반드시 점검해 보도록 도와주어야 합니다.

이 책은 영어를 즐기기보다는 영어와 씨름해야 하는 입시 영어의 길로 막 들어선 중학생들을 위한 책이에요. 아이들이 자신만의 영어 공부법을 찾는 데 도움을 주기 위해 아이들의 성격 유형별로 영어의 각 영역별(읽기, 쓰기, 듣기, 말하기) 공부법을 자세히 알려 주지요. 그리고 책 곳곳에 부모님께서 영어 공부와 관련해 아셔야 할 내용들을 함께 실었습니다. 무조건 아이에게만 이 책을 권하지 마시고 부모님도 함께 읽어 보시고 고민해 주세요.

이 책을 통해 소중한 자녀가 각자에게 꼭 맞는 영어 공부법을 찾아 원하는 목표를 재미있게 달성할 수 있기를 희망합니다.

| 차례 |

Chapter 1

영어가 정말 중요할까?

영어 공부에 극성인 우리 엄마, 이유가 있다!

영어 잘해서 성공한 사람들

"왜 다들 영어를 열심히 하라고 하는 걸까?"

영어를 잘하면 나한테 뭐가 좋길래

우리 엄마는 나만 보면 영어 공부를 하라고 하지?

자, 이제부터 그 해답을 찾으러 떠나보자!

영어 공부에 극성인 우리 엄마, 이유가 있다!

얼굴만 보면 오늘 단어 많이 외웠냐고 물어보시는 우리 엄마

영어 잘하는 옆집 친구와 비교하는 우리 엄마

대체 왜 엄마는 영어에 목숨을 거시는 걸까?

영어를 잘하면 어떤 일이 벌어질까? 우리가 영어를 좋아하든 싫어하든 상관없이 왜 지금 영어를 열심히 공부해야 하는지 궁금증을 풀어보자!

우선, 영어는 주요 대학에 들어가기 위해 반드시 공부해야 하는 과목이란다. 우리가 평소에 많이 들어본 대학들은 영어 성적을 매우 중요하게 여기지. 이건 자연계열(과학자, 의사, 기술자 등)을 지원하든 인문계열(변호사, 외교관, 영어 선생님 등)을 지원하든 마찬가지란다. 즉 대학에서 영어를 매우 중요한 과목으로 반드시 포함시키고 있고 앞으로도 이 점은 크게 바뀌지 않을 거야.

"그럼 지금은 일단 좀 놀고 고등학교 때부터 영어를 진짜 죽어라 공부해도 되겠죠?"

켈리 쌤의 Advice

지금 영어가 너무 싫어서 이렇게 말하는 친구들도 있겠지만 켈리 쌤의 대답은 '거의 불가능하다' 야. 왜냐하면 영어는 외국어라서 학년이 올라갈수록 벼락치기가 점점 힘들어지거든. 우리나라에서 한국어로만 생활하는 너희들에게 영어를 잘하는 비결은 바로 꾸준히 하는 거야. 매일 단어도 외워야 하고, 독해도 해 보고 말하기 연습을 해야만 영어의 '감'이 유지되는 거지.

만일 중학교 3학년까지 놀다가 고등학교 때부터 영어를 열심히 해야겠다고 생각한다면, 그땐 일찌감치 자신만의 영어 공부법으로 꾸준히 실력을 쌓아 온 친구들을 따라잡기가 쉽지 않을 거란 걸 명심해. 아마 그때 받을 스트레스는 어머어마할 거야.

별써 중3인데 기초가
너무 부족해요. 이제부터
영어 공부를 해도
늦지 않을까요?

켈리 쌤의 Advice

지금 시작해도 절대 늦지 않았어. 우선 기본 문법 사항
부터 차곡차곡 자신의 것으로 만들어 가야 해. 자신이 보
기에 가장 이해하기 쉽고 간단하게 정리된 문법책을 펼쳐보고 다음
세 가지부터 차근차근 공부해 보자.

가장 먼저 품사(명사, 형용사, 동사 등)에 대해서 이미 다 안다고 생
각되더라도 하나씩 정확하게 다시 한번 공부해 보자. 아마 각 품사
의 역할에 대해 이제껏 잘못 알고 있었거나 미처 몰랐던 부분을 발
견하게 될 거야.

그 다음엔 영어 문장의 기본 5형식에 대해 다시 정확히 짚고 넘어갈 필요가 있어. 문장의 5가지 형식을 알고 있으면 아무리 영어 문장이 길더라도 전체 윤곽이 눈에 잘 띄어 독해를 할 때 도움이 많이 될 뿐만 아니라 문법상 옳고 틀린 문장도 금방 가려낼 수 있게 되거든.

마지막으로 동사에 대해 공부해 보자. 동사는 시제(현재, 과거, 진행, 완료 등)를 정확히 이해한 후, to부정사와 동명사에 대해 다시 공부해 보자.

이밖에도 문법 사항은 많지만 가장 먼저 알아야 할 영어 기초 문법부터 탄탄히 해 놓는 것이 중요하단다. 만일 현재 기초가 많이 부족하다면 영어 단어도 가장 기초 어휘부터 매일매일 암기해야겠지?

영어 단어를 공부할 때는 관련 숙어와 불규칙동사 변화도 꼼꼼히 공부하는 것이 중요해. 앞에서 함께 살펴본 세 가지 문법 사항을 확실히 하면서 점차 단어 암기 양을 늘려가면 읽기 실력도 차츰 좋아질 거야. 그러다 보면 듣기와 쓰기 그리고 말하기 실력도 당연히 향상되겠지? 아직 앞서가는 친구들을 따라잡을 시간이 있으니 절대 미리 포기하지 말자!

어휴… 그럼 지겨워도 대학 들어갈 때까지는 눈 질끈 감고 영어 공부 해야겠네요.

켈리 쌤의 Advice

하기 싫은 영어를 눈 질끈 감고 열심히 공부해서 입시 전쟁에서 살아남는다는 건 물론 대단한 일이야. 그런데 과연 대학에 들어가기만 하면 영어는 더 이상 안 해도 될까? 수많은 인터넷 사이트가 영어로 되어 있는 것은 물론이고 우리가 관심 있는 기사나 정보들도 영어로 쓰여 있는 경우가 많지. 물론 너희가 기사를 읽거나 채팅을 할 때 항상 한국어만 사용하겠다고 고집을 부린다면 하는 수 없지.

그래도 만일 영어로 정보를 찾고 이해하는 데 아무런 거리낌이 없다면, 그리고 세계 어느 나라 친구들과도 영어로 채팅을 할 수 있다면 너희가 접할 수 있는 세상은 정말 무궁무진할 거야.

그런데 여기서 좀 더 깊이 생각해 봐야 할 부분이 있어. 전 세계 공용어인 영어를 제대로 못하면, 단지 해외 여행 가서 불편하기만 한 것이 아니야. 문제는 시시각각 올라오는 다양한 세계의 정보, 흥미로운 이야기 등을 접하는 데 점점 높은 벽에 부딪히게 된다는 거야. 앞으로 어떤 직업을 갖게 되든(요리사, 변호사, 운동선수, 사업가, 헤어 디자이너, 가수, 사회 선생님, 의사 등) 그 어떤 직업도 영어를 못하면 자신의 분야에서 최고가 되기엔 한계가 있거든.

한국에는 이미 여러 분야에서 많은 외국인들이 함께 활동하고 있고 앞으로는 더욱더 세계 어디서나 외국 사람들을 만나고 서로 교류해야 하기 때문에 영어는 이제 선택이 아니라 필수야.

나중에 어른이 되어 어떤 직업을 갖더라도 앞으로 만날 손님이나 고객, 학생들, 직원들이 반드시 한국 사람만 있다는 보장은 없잖아?

자, 이제 왜 엄마가 항상 영어 타령을 하시는지 좀 이해가 되지?

영어를 잘해서 성공한 사람들

영어를 열심히 공부해 자신의 분야에서 최고가 된 사람들이 많지. 그중에서 우리가 잘 아는 몇 사람만 살펴볼까?

반기문 유엔 사무총장

한국인 최초로 유엔 사무총장이 된 반기문 사무총장은 한국에서 나고 자란 토종 한국파 란다. 아마도 반기문 사무총장을 보고 많은 아이들이 세계 무대에서 리더로 우뚝 서겠 다는 꿈을 가지게 되었을 거야. 그렇다면 반 기문 사무총장은 어떻게 영어 공부를 했을까?

어려서 외국인 만나기가 힘들던 시절, 반기문 사무총장은 미국인 기술자들이 있는 충주 비료공장과 외국인 신부님들을 만날 수 있는 성당을 찾아다녔다고 해. 이해하기 어려운 외국 잡지나 원서도 혼자 힘으로 열심히 공부하고, 그날 배운 것은 철저히 복습하면서 영어 공부에 최선을 다했지. 세계 무대에서 일하는 자신의 꿈을 달성하기 위해서 말야.

물론 영어 발음이 원어민 같진 않지만 자신의 분야에서 최고가 되기 위해 어려서부터 분명한 목표를 세우고, 꿈을 이루기 위해 반드시 필요한 영어를 절대 손에서 놓지 않았다는 것은 우리가 본받아야 할 점이야. 만일 학창시절에 영어 공부를 열심히 하지 않았다면 혹시 유엔 사무총장이 되었더라도 영어 때문에 업무 수행을 하기가 어렵지 않았을까?

김영철 개그맨
- - - - - - - - - - - - -

개그맨 김영철은 뒤늦게 영어 공부를 시작해서 영어를 잘하는 개그맨으로 더욱 유명해졌어. 이제껏 해외 어학 연수를 받은 적도 없는데, 영어를 잘해야겠다는 열정 하나로 바쁜 일정 속에서 요즘도 열심히 영어 공부를 하고 있지.

개그맨 김영철의 꿈은 능숙한 영어로 외국인들을 웃게 만드는 거야. 항상 자신의 꿈을 머릿속에 그리면서 새벽에 일어나 영어 학원을 다니고 전화 영어 등 다양한 자료를 활용해 영어를 철저히 자기 것으로 만들려고 노력하고 있대. 이젠 '영어를 잘하는 개그맨' 으로 더 많이 알려져서 영어책도 내고 인기 영어 강사로도 활약 중이야.

에드워드 권 요리사

두바이 페어몬트 호텔 수석조리장 에드워드 권은 서울 리츠 칼튼 호텔 주방에서 막내로 일할 때부터 새벽에 영어학원을 다녔어.

그때 외국인 총주방장의 말을 좀 더 잘 알아듣고 싶어서 매일 새벽에 2시간씩 영어 공부를 한 다음 출근했대.

그후 에드워드 권은 좀 더 넓은 세상에서 요리를 공부하기 위해 미국으로 갔어. 꿈을 이루기 위해 영어를 더욱 잘해야 했기에 최선을 다해 영어 공부를 했지. 영어 문장도 통째로 외워 실제로 사용해 보기도 하고 영어로 된 요리책들도 열심히 읽어 보았대.

이러한 요리에 대한 열정에 영어 공부가 더해져 세계적인 요리사가 될 수 있었던 거야. 에드워드 권은 후배들에게 훌륭한 요리사가 되려면 영어는 필수라고 조언하고 있어.

한비야 월드비전 긴급구호팀장

월드비전 긴급구호팀장인 한비야는 아프가니스탄 여행 중에 재해와 전쟁과 가난으로 고통받는 사람들을 돕기 위해 국제 NGO 월드비전에서 긴급구호팀장으로 일했어. 그녀는 세계 무대를 꿈꾸며 항상 영어를 열심히 공부해 왔대.

한비야는 질병과 굶주린 사람들을 돕는 일에 열정을 품고 세계 각지에서 온 사람들과 함께 구호활동을 했는데, 평소에 부지런히 공부해 온 영어는 그녀가 세계 어느 곳에 가든지, 어느 누구와 일하든지 자신의 목표를 이루는 데 큰 힘이 되어 주었지.

박진영 가수, 음반기획사 대표

　가수이자 음반기획사 대표인 박진영은 세계 대중문화 시장을 정복하겠다는 꿈을 이루기 위해 미국이라는 세계 무대에 도전했어.

　미국에서 자신이 작곡한 음반을 들고 다니며 뉴욕의 유명 레코드사 문을 수없이 두드렸지. 결국 가수 박진영의 음반은 미국 음악계의 주목을 받게 되었고 미국에서 단독 공연도 하게 되었어.

　만일 가수 박진영이 음악적 열정과 재능만 있고 탄탄한 영어 실력이 없었더라면 그의 꿈은 아마 이루어지기 힘들었을 거야.

　가수 박진영은 미국 교포도 아니고 한국에서 나고 자랐지만 항상 영어 공부를 게을리 하지 않았다고 해. 미국 하버드대학에서 '한류' 강연을 했던 것도 평소 갈고 닦아 온 영어 실력이 없었다면 불가능했겠지?

　글로벌 시대에 어떤 일을 하든 영어는 필수가 아닐까? 너희도 영어에 한번 미쳐 봐! 각자의 꿈을 이루는 데 영어가 든든한 토대가 되어 줄 거야.

Chapter 2

나의 현재 영어 공부 유형은?

학원을 다녀야 맘이 놓여요   학원/과외 의존형

혼자 꾸준히 하면 되겠죠   나홀로 은둔형

영어는 그냥 포기할래요   자포자기형

'나의 현재 영어 공부 유형은 어떨까?'

대부분의 중학생들이 속하는 세 가지 영어 공부 유형을

꼼꼼히 살펴보고 내가 어디에 속하는지 확인해 보자.

학원을 다녀야 맘이 놓여요 학원/과외 의존형

민서는 학교 영어 성적이 중상위권으로 매사 꼼꼼하고 성실한 중학교 2학년 여학생이다. 민서는 아침부터 밤늦게까지 학교와 학원을 오가며 공부하느라 늘 피곤하다. 학원에서 집에 돌아오면 11시쯤 되고 학교 숙제를 하기 위해 다시 책상에 앉아 보지만 아무것도 머릿속에 들어오지 않는다. 민서 엄마는 민서가 노력에 비해 왜 성적이 오르지 않는지 늘 고민이지만, 민서가 요즘 부쩍 스트레스를 받는 것 같아 예전처럼 공부 얘기도 못 꺼내고 있다.

민서의 속마음

"전 하루 종일 학원에서 열심히 필기하느라 오른팔이 떨어져 나갈 것 같아요. 그런데 이상하게 시험을 볼 때는 어디서 많이 본 것 같긴 한데 확실히 답을 고르기가 어려워요. 답을 고를 때는 항상 두 개 중에서 무엇을 골라야 할지 헷갈리고 거의 틀려요. 학교 영어 수업은 이미 학원에서 공부해서 쉬운데, 시험에서는 이상하게 4~5개씩 틀리는 이유가 뭔지 모르겠어요. 종일 영어 공부하는 시간이 그렇게 많은데…. 정말 답답해요. 학교 수업이 그리 싫은 것도 아니고 필기도 나름 열심히 해요. 근데 일단 학원 숙제가 가장 급하고 중요해서 수업시간에도 선생님 몰래 학원 숙제할 때가 많아요."

켈리 쌤의 Advice

민서는 겉으로 보기엔 긴 시간 영어 공부를 하고 있는 것같이 보이지만, 실제 영어 공부 시간은 하루에 길어야 한두 시간뿐인 것 같구나. 우선 민서의 수업시간을 잠깐 살펴볼까?

민서는 학교 영어 수업에 성실히 임해야 하는 걸 알지만 학원 수업이 너무 빠듯해서 학교 숙제는 주로 그날 아침 자습시간이나 점심시간에 옆 친구 것을 베끼는 일이 많지 않니? 그리고 정작 수업시간에는 피곤해서 졸다가 종 치는 소리에 화들짝 깨어나는 일도 많지? 사실 영어 학원 숙제 분량이 많고 안해 가면 일찍 집에 보내 주지도 않기 때문에 학교 수업시간에 학원 숙제를 해야 할 때가 많아 민서가 많이 힘든 것 같구나.

하지만 민서가 반드시 기억해야 할 점이 있단다. 공부를 잘하는 비결로 언제나 등장하는 것-우선 학교 수업시간에 열심히 듣고 필기하기-가 현재 잘 지켜지지 않고 있거든. 또 그날그날 배운 내용도 제대로 소화시키지 못한 상태인데 계속 많은 분량의 학원 숙제를 머릿속에 구겨 넣다 보니 머릿속이 복잡하기만 하지 않니?

민서야, 자신의 영어 수준을 파악하는 일부터 먼저 시작해 보도록 하자. 켈리 쌤은 '난 영어를 워낙 잘해서 학교 수업쯤은 대충해도 돼~' 하고 무서운 착각을 하는 친구들을 많이 보았어.

하지만 학원 숙제를 열심히 해서 공부한 만큼 영어 성적이 잘 나오지 않는다면 현재 영어 공부법에 뭔가 잘못된 점이 있다는 거겠지? 민서야, 혹시 학원 수업이나 숙제가 너무 어렵지 않니? 너무 어려워서 같이 다니는 친구의 숙제를 그냥 베껴 갈 때는 없었어? 스스로에게 한번 솔직히 물어보고 학교 수업시간부터 최대한 활용해 보자.

중학교 1학년인 준우는 요즘 영어 공부가 부담되고 싫다. 오늘은 특히 짜증나는 날이다. 학교에서 돌아오자마자 대충 씻고 엄마가 싸준 간식을 가방에 재빨리 넣은 뒤 그룹과외를 하러 친구 집으로 가야 하고 7시부터 시작하는 영어 학원이 또 기다리고 있기 때문이다.

준우는 원어민 선생님과 그룹과외를 하기 전엔 영어에 나름 자신이 있었는데 최근엔 그룹과외를 받고 집에 오면 기분이 영 안 좋다. 선생님의 수업을 제대로 이해 못하는 부분이 많을 뿐만 아니라 친구들이 워낙 잘해서, 요즘은 영어에 자신감이 더 떨어지는 것 같다.

준우의 속마음

"오늘 오전엔 학교에서 배가 아파 보건실에 누워 있었어요. 5교시 수업시간에는 친구랑 장난치다가 선생님께 혼났구요. 집에 가면 엄마랑 학교에서 있었던 일에 대해 이야기도 하고 간식도 좀 천천히 먹었으면 좋겠어요. 사실 잠시 게임도 좀 하고 싶구요.

최근엔 그룹과외를 시작했는데, 미국에서 살다 온 처음 본 애들도 두 명이나 있어요. 교포 선생님이라 영어로 문법 설명을 하시기도 하는데, 도무지 못 알아듣겠어요.

미국에서 살다 온 애들은 잘난 척하는 것 같기도 하구요. 전 이런 분위기가 정말 싫은데 엄마는 계속 과외를 받으래요. 예전엔 저도 영어에 자신감이 있었는데 요즘엔 제가 정말 별 거 아닌 것 같아 속상해요."

켈리 쌤의 Advice

준우는 현재 자신의 문제를 잘 알고 있는 것 같구나. 하지만 학원에 안 가면 당장 부모님께 혼이 나는 것이 두렵고 싸우기도 싫어서 다니고 있지. 그렇다면 이번에 엄마 아빠께 한번 솔직히 말씀드려 보는 건 어떨까? 하지만 단지 "전 그냥 다 싫어요. 다 때려치울래요"라고 말씀드리면 일이 더 커지겠지? 현재 학원이나 과외가 왜 자신과 맞지 않는지, 스스로 정리한 후 의논드리고 그 다음의 대책도 말씀드려야 해. 말을 꺼내기가 무섭게 혼부터 나더라도 한번 시도해 보도록 하자.

예를 들어 "엄마, 지금 다니는 학원 수업이 현재 내 수준보다 너무 높은 것 같아요."(문제점) "학교 수업에 대한 예습, 복습은 혼자 하고 문법 기초 학원을 다녀볼래요."(대책) 등 문제점과 대책을 함께 구체적으로 말씀드려 보자.

혹시 학원이나 과외에 대해 솔직히 말씀드려서 그만두었다가 오히려 성적이 더 떨어질까 봐 걱정되니? 그건 학원이나 과외 때문에 떨어진 게 아니라, 영어 기초 실력이 부족하고 어떻게 공부해야 할지 잘 몰라서니까 미리 너무 걱정하지 말자.

만일 엄마가 그 학원 좋으니까 그냥 다니라 하시고 더 이상 네 의견을 들으려 하지 않으신다면 이 책을 보여 드려 보자. 켈리 쌤이 학원/과외 중독형에 대해 부모님께 드리는 글을 적어 놓았거든.

엄마 보세요~

엄마는 아이가 집에 오자마자 "오늘 학원에서 영어로 말 많이 했니? 그게 얼마나 비싼 수업인데… 잘 해야 한다. 다른 애들보다 질문도 많이 하고, 알았지?"라고 잔소리를 합니다.

영어를 지금 확실히 해 놓지 않으면 아이가 나중에 더 고생할까 봐 엄마는 늘 노심초사하지요.

엄마의 높은 기대와 교육열로 우리나라 아이들은 초등학생 때부터 영어 학원이나 과외를 한 개, 심지어는 두세 곳을 다니기도 하는데요.

여기서 잠깐! 엄마가 잠시 스스로 생각해 보셔야 할 질문들이 있어요. 아래 몇 가지 체크 사항을 보시고 옆에 ○ / × 로 한번 표시해 보세요.

● 아이가 영어를 좋아하는 편인가요? (○ / ×)

● 아이가 영어 학원을 다니나요? (○ / ×)

● 아이가 영어 학원에 있는 시간은 일주일에 몇 시간인가요? _____ 시간

● 아이가 영어 학원에 가거나 과외를 받는 자리에 함께 있어 보셨나요? (○ / ×)

● 그 영어 수업이 우리 아이 수준에 잘 맞는다고 생각하세요? (○ / ×)

● 아이가 영어 학원/과외수업을 좋아하나요? (○ / ×)

그 이유는 무엇이라고 생각하세요? (   )

① 시험 전에 문제들을 잘 찍어 줘서

② 숙제를 쉽게(혹은 적게) 내 줘서

③ 숙제를 안 하거나 대충 해도 혼나지 않아서

④ 모르는 부분을 이해하기 쉽게 잘 설명해 줘서

⑤ 수업 시간 중 쉬는 시간도 잘 주고, 재미있는 얘기도 많이 해 주니까

● 왜 그 영어 학원에 등록하게 되었나요?

이유 :

_____

_____

_____

_____

● 아이와 학원에 대해 의논해 본 적이 있나요? (○ / ×)

● 우리 아이가 스스로 어떻게 영어 공부를 하는지 알고 계시나요? (○ / ×)

● 아이가 학원이나 과외가 도움이 안 된다고 말할 때 아이 말에 귀를 기울여

주는 편인가요? (○ / ×)

부모님이 직접 학원이나 과외수업을 참관하며 아이들의 상태를 지켜보는 것은 현실적으로 매우 어렵지요. 그럴 시간적 여유도 없을 뿐만 아니라 선생님이나 아이들도 별로 원하지 않기 때문이기도 해요.

하지만 막연히 '우리 애는 다를 거야'라고 생각하고 아이의 현재 영어 상태를 점검하는 데에 소홀하다면 아이가 자신과 맞지 않은 학원 또는 과외에서 점점 벗어나기 힘들어집니다. 당장 오늘부터 아이의 마음을 파악하도록 노력해 보세요.

우리 아이의 영어 실력 향상을 위해 소문난 학원을 보내고 과외를 받게 하는 것은 대부분의 부모들이 생각하는 최고의 영어 선물 패키지입니다. 하지만 우리 아이가 현재 학원 의존형은 아닌지, 현재 받는 영어 수업이 아이에게 과연 필요한지, 그렇다면 아이가 잘 따라가고 있는지에 대해 가장 먼저 생각해 봐야 합니다.

이것은 모두 소중한 우리 아이의 닫힌 마음을 열기 위해, 그리고 아이의 낮아진 영어 자신감을 회복시키기 위한 첫걸음이니까요.

잠깐 쉬어가자!

켈리 쌤의 미국 이야기 1

미국 중학생 아이들이 학교에서 인기를 얻는 비결로 꼽은 1위는 남학생, 여학생 모두 '외모 잘 가꾸기'야(Maintain good appearance). 우리나라와 비슷하지? 인기 비결은 남녀별로 약간 달라. 미국 중학교에서 인기 있는 여학생이 되기 위해서는 1. 빛나고 찰랑거리는 머릿결을 가질 것 2. 자신의 단점을 감출 약간의 화장을 할 것 3. 얼굴이나 다리 등에 있는 불필요한 털을 부지런히 깎을 것. 이 세 가지를 지켜야 한대. 인기 있는 남학생이 되기 위해서는 1. 머리를 자주 감을 것 2. 민트 향의 껌을 자주 씹고 좋은 향이 나도록 할 것(그리고 자주 옷을 것) 3. 옷을 잘 입을 줄 모르면 Billabong, Quicksilver, Nike에서 다양한 그림이 그려진 옷을 사 입을 것. 이 세 가지 사항을 지켜야 한대.

혼자 꾸준히 하면 되겠죠

나홀로 은둔형 학생은 크게 두 유형으로 나눌 수 있단다. 하나는 반에서 1, 2등 하는 애들이지. 이 아이들은 자신에게 맞는 공부법을 이미 찾아서 자기주도학습을 하고 있는 경우야. 또다른 유형은 반에서 중간부터 그 이하의 성적인 친구들로 영어 공부를 혼자 하기는 하지만 맘같이 잘 되지 않는 경우야. 여기서 켈리 쌤이 말하고 싶은 유형은 바로 두 번째 경우의 아이들이란다.

"넌 어떻게 영어 공부하니?"라고 켈리 쌤이 물어보면, "전 혼자서도 '잘' 해요. 자기주도학습이죠"라고 대답하는 아이들이 많은데, 그런 아이들을 볼 때마다 쌤은 좀 안타까워.

혼자 '잘' 한다는 건 단지 혼자서 공부하는 것이 아니라 자신만의 효과적인 학습법을 발견해서 스스로 터득해 나가는 것을 말하거든. 자기주도학습을 한다고 큰소리치고, 현재 자신의 영어에 어떤 문제가 있는지도 모른 채 하루 종일 멍때리고 책상에 앉아 있는 것은 영어 실력 향상에 전혀 도움이 되지 않는다는 걸 우리 모두 기억하자!

혼자서 꼭꼭 숨어 공부하는 경민이의 상황을 한번 살펴볼까?

중학교 3학년인 경민이는 영어 성적이 중간 정도인데 요즘 곧 고등학생이 된다는 것에 대한 부담이 생겼다. 이제까진 학교 영어 수업을 따라가는 것만으로 간신히 성적을 유지해 왔는데, 최근 주변 친구들을 보면 고등학교 영어가 더 어려워질 거라며 학원에서 영어 선행 학습에 부쩍 열을 올리고 있다. 엄마는 경민이에게 학원이나 과외를 강요하지는 않지만 남들 다 다니는 학원을 다니지 않고도 고등학교에 가서 잘 버틸 수 있을지 걱정이시다. 경민이는 이제껏 혼자 해 왔으니 앞으로도 혼자 공부할 거라고 하지만, 엄마는 기초가 약한 경민이 영어 성적이 더 떨어질 것 같아 한숨만 늘어간다.

경민이 속마음

"전 학원이 싫어요. 중2 때 한 번 가 봤지만 진도가 빨라서 제대로 따라가기가 힘들었어요. 학교에서처럼 또다시 계속 앉아 있어야 하는 것도 끔찍했구요. 요즘엔 고등학교 영어가 더 어려워진다는 친구들 말에 가끔 걱정이 되기도 하지만, 이제까지 해 온 대로 혼자 해 보려고 해요. 요즘 문법이 점점 더 어려워지긴 하지만 전 혼자서 하는 게 저한테 제일 잘 맞는 것 같아요."

　　"경민이는 어떻게 영어를 효과적으로 공부해야 할지 좀 더 확실히 알아볼 필요가 있단다. 혹시 영어 시험 준비는 어떻게 하고 있니? 친구들 중에는 영어 단어 뜻을 눈으로 대충 훑어보고 시험 전날 지문 해석만 자습서로 대충 보면 시험 준비 끝이라고 생각하는 경우가 많지.

　　하지만 이렇게 대충 하는 영어 공부는 고등학생이 되면 더 이상 효력을 발휘하지 못한단다. 기초가 부족할수록 단어부터 꼼꼼하게 암기하고 기본적인 문법도 정확하게 알고 있어야만 점차 어려워지는 독해도 잘 해낼 수 있거든.

　　경민이는 혼자 공부하는 것을 좋아하지만 꼭꼭 숨어서 공부하는 건, 이제까지 잘못된 영어 공부법을 다시 잡고 나서 해도 늦지 않단다. 당장 혼자서 영어 학습 방향을 바로잡는 것이 벅차다면 주변의 도움을 받는 건 어떨까?

　　물론 당장 아무 학원부터 다니기 시작하라는 건 아니니까 걱정마. 일단, 대형 학원 선생님보다는 학교 수업을 통해 경민이를 잘 파악하고 계시는 학교 영어 선생님에게 도움을 청해 보자! 중간 중간에 학습 진도를 확인하고 다음 단계로 이끌어 줄 선생님의 도움이 꼭 필요하거든.

　　학교 영어 선생님하고 친하지 않아서 어색하다고? 영어 선생님은 수업시간을 통해 현재 경민이의 영어 실력과 문제점들을 파악하고 계실 거야. 혹시 경민이를 잘 모르고 계시다면 이번 기회에 친해지면 좋겠지?

경민이도 왜 영어를 공부해야 하는지부터 생각해 봐야 해. 자, 그럼 너의 생각을 정리해서 선생님께 상담을 받아 보렴. 지금 자신만의 효과적인 영어 공부법을 찾아야만 고등학생이 되었을 때 흔들리지 않을 수 있거든."

엄마 보세요~

혼자 공부해 보겠다고 우기는 아이들에겐 더 이상 할 말이 없다는 부모님이 많으신데요, 잘못된 방법으로 계속 혼자 해 보겠다고 고집부리는 경우엔 참 난감하지요. 대부분의 아이들이 아직 영어 공부를 왜 해야 하는지, 어떻게 하는 건지 잘 모르고 있어요.

하지만 이 두 가지를 아이가 스스로 터득해야만 혼자서도 제대로 영어 공부를 해낼 수 있게 됩니다. 만일 부모님과의 대화가 늘 잔소리로 이어진다면 아이가 깊은 속마음을 절대 말하지 않겠지요.

이럴 경우는 학교 영어 선생님의 도움을 받도록 하세요. 영어 선생님이 우리 아이의 현재 영어 수준과 공부법에 대해 조언해 주시는 것이 가장 좋아요. 학교 영어 선생님은 학원이나 과외 선생님과는 달리 아이의 현재 영어 실력뿐만 아니라 다른 학과목 선생님들이나 담임선생님과 연계하여 아이의 학습태도에 대해 좀 더 포괄적인 조언을 해 주실 수 있기 때문이지요.

학교 수업은 나름 잘 따라간다고 자부하고 있는 아이들이 많은데요, 무작정 조용히 앉아서 수업 내용을 열심히 필기만 하는 것으로 영어 공부를 다 한 건 아니에요. 집에 와서 배운 내용을 아이 혼자 어떻게 소화해 내느냐가 중요하지요.

나홀로 은둔형 아이들의 경우 현재까지는 아이가 영어에 그다지 흥미를 느끼지 못했기 때문에 열심히 공부하지 않는 경우가 많아요. 하지만 영어 선생님의 관심과 공부법 개선으로 영어 성적이 점차 향상되면 아이는 조금씩 영어에 흥미를 가지게 될 거예요. 아이가 자신의 현재 문제점을 파악할 수 있도록 자가진단 테스트 1과 2를 체크해 보도록 도와주세요. 아마도 현재까지 자신의 영어 공부가 잘못되었다는 것을 아이 스스로 깨닫게 될 겁니다.

영어는 그냥 포기할래요

중학교 2학년인 효진이는 특히 수학이나 과학 과목을 좋아한다. 하지만 영어가 문제다. 어려서부터 이해가 빠르고 논리적이라는 말을 많이 들어온 아이인데, 중학교 2학년 1학기가 끝날 즈음부터 영어가 싫다며 거의 공부를 하지 않고 있다. 엄마 아빠는 주변 다른 아이들보다 효진이가 영어 공부를 너무 안 하는 것 같아 걱정이 많으시다.

효진이 속마음

"전 초등학교 4학년 때부터 영어 학원에 다니면서 공부했어요. 근데 영어가 별로 재미없더라구요. 6학년 때부터 엄마가 신청한 영어 학습지가 요즘도 매월 집으로 오는데 완전 짜증이에요.

처음엔 조금 해 봤는데 이젠 도저히 못하겠어요. 이해 안 되는 부분이 점점 많아지고 또 왜 그렇게 어려운지…. 요즘엔 책장에 꽂혀 있는 영어책들만 봐도 마구 짜증이 밀려와요. 퇴근하자마자 영어 학습지 얘기부터 꺼내시는 엄마 얼굴만 봐도 머리가 지끈거려요."

켈리 쌤의 Advice

"효진이는 영어 공부에 흥미를 많이 잃은 것 같구나. 영어 이야기만 나오면 괜히 마음이 불편해질 거야. 효진이는 스스로 이해가 잘 되지 않으면 그 다음 단계로 넘어가는 걸 싫어하지?

영어 학습지를 처음 시작했을 때, 학습지에 나온 많은 단어들을 다 암기하기도 전에 다음 학습지가 집에 도착하는 일이 계속 일어나니까 점점 더 영어가 싫어졌을 거야. 만일 현재 공부하고 있는 학습지와 넘쳐나는 책들을 쳐다보기도 싫다면, 네게 맞는 다른 교재를 한번 찾아보자.

아무리 다른 친구들이 너도나도 공부하는 유명한 교재라도 나에겐 전혀 맞지 않을 수 있단다. 이럴 때는 책상 위에 쌓여만 가는 학습지를 보며 스트레스 받지 말고 과감하게 서점에 들러 얇고 보기 쉬운 교재를 직접 골라보자. 지루해 보이는 문제집 말고도 재미있는 영어 자료는 엄청 많거든!"

명석하고 이해 위주의 학습을 선호하는 아이들일수록 단계별로 차근차근 이해하고 스스로 납득이 가야만 다음 단계로 넘어가는 걸 좋아하지요. 자신이 확실히 이해하기도 전에 끊임없이 밀어닥치는 영어 학습지는 이러한 이이들에겐 그야말로 지옥이나 다름 없을 거예요.

자신의 기대대로 결과가 잘 나오지 않는 일이 반복될수록 아이는 점점 더 영어에 대한 자신감을 잃게 되고 스트레스도 많이 받게 됩니다.

아이 성향을 있는 그대로 인정해 주고 지속적인 동기부여와 함께 아이가 스스로에게 맞는 영어 공부법을 찾도록 격려해 주세요. 지금 영어를 포기하기엔 너무 이르거든요.

Chapter 3

영어 성적을 올려 주는 3단계

영어 공부하기 전에 목표부터 세우자!

자신의 영어 수준부터 알아보자! 자가진단 테스트 1과 2 풀어보기

자신을 정확히 알자!(Know thyself!) 자신의 성격 유형 찾기

이제 영어 성적을 제대로 올리기 위해 다음 세 가지 단계를 밟아 보자.

1. 나는 왜 영어를 공부해야 하지?

2. 나의 현재 영어 공부의 문제점은 무엇일까?

3. 나는 어떤 성격일까?

자, 첫 번째 단계부터 시작해 볼까?

영어 공부하기 전에 목표부터 세우자!

영어 공부를 하기 전에 정확한 목표가 세워져 있다면 앞으로 영어가 더 어려워지더라도 쉽게 포기하거나 다른 친구들 말에 우왕좌왕 흔들리지 않게 돼. 그러니까 앞으로 자신이 어떤 일을 할 것인지, 왜 영어를 공부해야 하는지에 대해 정확하게 파악해 보자!

우선, 스스로 영어를 왜 공부하고 있는지 구체적으로 파악하는 것부터 시작해야 해. 그 다음엔 현재 영어 공부의 문제점이 무엇인지 알아보는 거야. 여기선 잠시 자가진단 테스트 두 개를 찬찬히 체크해 봐야 한단다.

그리고 나에게 꼭 맞는 영어 공부법을 찾기 위해 자신의 성격을 좀 더 객관적으로 파악하는 단계가 남아 있어.

자, 첫 번째 단계부터 시작해 볼까?

목표 재설정

⇩

현재 문제점 파악(자가진단 테스트 1, 2)

⇩

자신의 정확한 성격 파악

도대체 영어 공부는 왜 해야 할까? 이 질문에 대해 스스로 답을 할 수 있어야만 영어 성적을 올릴 수 있지. 대체 엄마 아빠는 왜 영어 공부하라고 매일 잔소리를 하시는지 도무지 모르겠다면, 다음 질문의 해당사항에 각자 체크해 보자.

"나는 왜 영어를 공부해야 하지?"

☐ 대학 가려면 반드시 필요하기 때문에

☐ 영어를 잘하면 부모님이 무척 좋아하시기 때문에

☐ 영어를 잘하면 외국에 나가서 살 수도 있고 국제적인 무대에서
　활약할 수 있을 것 같아서

☐ 영어를 잘하면 좋은 직장에 다닐 수 있을 것 같아서

☐ 해외 여행에 관심이 많고 어딜 가나 꼭 필요할 것 같아서

□ 외국 영화나 음악을 좀 더 잘 이해하려고

□ 영어 못하면 한국에서는 무시당하니까

□ 내가 이루고 싶은 꿈을 위해 영어가 반드시 필요하기 때문에

이 목록 중에서 첫 번째, 두 번째는 대부분 선택했겠지? 잘못된 건 전혀 없어. 하지만 대학 입시와 부모님을 기쁘게 해 드리는 것에 만일 마지막 사항만 추가된다면 엄마 아빠가 굳이 잔소리를 하지 않으셔도 스스로 영어 공부에 관심을 갖게 될 거야.

엄마 보세요~

"영어 공부 좀 해라. 오늘은 영어 단어 몇 개나 외웠니? 너, 학원 숙제는 다 하고 지금 컴퓨터 앞에 앉아 있는 거야?"

영어를 아무리 좋아하는 아이라도 매일 이런 말을 반복해서 듣는다면 영어는 점점 잔소리의 주범으로 전락하기 십상이지요.

혹시 현재 아이가 영어 공부에 염증을 느끼고 있다면 부모님이 아이가 영어를 싫어하도록 만든 건 아닌지 곰곰이 생각해 보셔야 합니다. 대부분의 아이들은 부모님의 잔소리와 높은 기대 때문에 그 과목이 오히려 더 싫어진다고 해요. 단순히 영어 공부하라고 다그치는 건 더 이상 설득력이 없을 뿐만 아니라 부모님과의 갈등을 더욱 깊게 만드는 주된 요인이 됩니다.

아이가 영어를 잘 못하는 이유는 아이 스스로 자신의 문제를 정확히 알지 못한 상태에서 대체 왜 영어를 열심히 공부해야 하는지도 모른 채 계속 강요당하는 데에 있어요. 아이가 영어를 주도적으로 할 수 있도록 돕기 위해 영어 공부의 필요성을 스스로 느끼게 하는 것이 중요하지요. 각자 이루고자 하는 꿈이 구체적으로 세워져 있고 그 꿈을 이루기 위해 영어가 반드시 필요하다는 것을 아이가 깨닫는다면 더 이상 부모님의 강요나 잔소리가 필요 없지 않을까요?

설사 부모님의 잔소리가 있더라도 아이는 예전보다 좀 더 의연한 자세로 받아들이게 되지요.

"앞으로 우리 함준이가 세계적인 가수가 되기 위해 영어 인터뷰도 잘 준비해야겠네? 장차 우리 현주가 세계를 무대로 뛰는 변호사가 되기 위해서는 영어 읽기와 쓰기를 자유롭게 할 수 있어야겠구나."

부모는 아이의 장단기 목표와 함께 장래 꿈을 부담 주지 않는 선에서 지속적으로 상기시켜 주어야 합니다.

그러면 아이는 엄마의 요구 때문이 아니라 결국 스스로 필요해서 공부를 하게 될 거예요. 어느 날 아침 밤새도록 영어 공부를 하느라 눈이 충혈된 아이의 모습을 보고 깜짝 놀랄 날이 올지도 모르지요. 생각만 해도 저절로 미소가 지어집니다.

자신의 영어 수준부터 알아보자!

– 자가진단 테스트 1과 2 풀어보기

영어를 잘하고 싶다면 가장 먼저 자신의 영어 공부에 어떤 문제가 있는지 스스로 진단부터 해 봐야 해. 현재 어떤 문제가 있는지 정확하게 알아야만 그에 맞는 해결책이 나올 수 있거든.

지금 영어 때문에 골치가 아프다면 자가진단 테스트 1부터 차근차근 풀어보자!

목표 재설정

⇩

현재 문제점 파악(자가진단 테스트 1, 2)

⇩

자신의 정확한 성격 파악

자가진단 테스트 1

1. 나의 관심 분야는? 답이 여러 개라면 순서를 매겨 봐! (이 질문에 정확하게

답을 해야만 네가 좋아하는 부분을 영어 공부에 활용할 수 있거든.)

예) ① 컴퓨터 게임, ② 패션, ③ 운동, ④ 음악, ⑤ 외국어, ⑥ 자전거 여행 등

_____

_____

_____

2. 영어 공부를 할 때 주로 어떤 생각이 들어?

☐ 영어가 주요 과목이고 대학 갈 때 필요해서 어쩔 수 없이 공부한다.

☐ 부모님의 잔소리가 듣기 싫어서 공부한다.

☐ 아무리 공부해도 끝이 보이지 않는 터널 같다.

☐ 지금은 못해도 앞으로는 좀 더 잘하고 싶다.

☐ 나 혼자서는 하기 힘든 과목이다.

☐ 지금 당장 안 하면 성적이 떨어질까 봐 공부한다.

☐ 미래에 내 꿈을 이루는 데 영어가 필요하다고 생각한다.

☐ 나를 가장 힘들게 하는 과목이다.

☐ 기타

3. 영어 공부가 싫다면 왜 싫어? 영어 공부할 때 싫은 이유는?

☐ 문법 용어가 너무 어렵다.

☐ 아침에 외운 단어가 저녁에 잘 기억나지 않는다.

☐ 영어 듣기 할 때 무조건 찍는다.

☐ 독해를 하면 무슨 소리인지 거의 모르겠다.

☐ 영어 쓰기를 하면 한 줄 이상 못 쓰겠다.

☐ 영어 선생님(학교/학원/기타)이 싫어서 영어 공부도 하기 싫다.

☐ 공부한 만큼 성적이 잘 오르지 않는 과목이다.

☐ 그냥 영어는 다 싫다.(구체적으로 무엇이 싫은지 모르겠다.)

☐ 기타(구체적인 이유를 적기)

_____

_____

_____

4. 영어 성적 올리기 위해 해야 할 일이 뭘까?

가장 중요한 순서대로 세 가지만 적어 봐.

① _____

② _____

③ _____

5. 현재 다니고 있는 영어 학원이나 과외수업이 도움이 된다고 생각해?

   도움이 안 된다면 왜 그럴까?

   예) 모르는데 자꾸 시켜서 부담된다. 선생님 말이 너무 빠르다. 수업 내용이

   　지루하다. 교재가 너무 많다. 어렵다. 숙제가 너무 어렵다 등

   _____

   _____

   _____

6. 나중에 어떤 일을 하면서 살 거야? 영어를 잘하면 그 일을 할 때 어떤

   도움이 될까?

   _____

   _____

   _____

　이 질문들에 솔직히 답했다면 이제 각 영역별로 영어의 문제점이
무엇인지 자가진단 테스트 2에서 자세히 점검해 보자.

자가진단 테스트 2

영어 공부법의 문제점을 찾아보자!

(각 문항별로 세 개 이상 해당되면 해당 영역의 영어 공부법을 바꿔야 해.)

1. 단어   체크된 개수 : _____개

- ☐ 영어 지문을 읽을 때 모르는 단어가 나오면 즉시 사전을 찾는다.

- ☐ 잘 모르는 영어 단어들은 어디서 본 것 같은데 무슨 뜻인지 기억이 안 난다.

- ☐ 단어를 찾을 때 뜻만 재빨리 확인하고 넘어간다.(예를 들어, 단어의 뜻만 찾고 발음이나 그 단어의 쓰임 등은 찾지 않는다.)

- ☐ 모르는 단어가 하도 많아서 독해할 때 그냥 포기하고 싶다.

2. 문법   체크된 개수 : _____개

- ☐ 시험에 문법 문제가 나오면 무조건 찍고 넘어간다.

- ☐ 문법 용어 자체가 이해가 안 되고 어렵다. 그래서 문법을 꼭 공부해야 하는지 의문이 든다.

- ☐ 영어 학원이나 과외수업 할 때 이미 다 배웠는데도 문법 문제만 나오면 자주 틀린다.

- ☐ 영어 지문에 나온 단어들의 의미는 대충 알겠는데 전체적으로 무슨 내용인지는 모르겠다.

3. **듣기**   체크된 개수 : _____개

   □ 듣기 영어가 너무 빨라서 무슨 소리인지 잘 모르겠다.

   □ 영어 듣기 공부는 학교 시험 보기 전에만 한다.

   □ 실제로 들어볼 시간이 없어서 항상 듣기 대본만 눈으로 공부한다.

   □ 듣기 문제 중 어떤 유형에서 자주 틀리는지 아직 잘 모르겠다.

4. **쓰기**   체크된 개수 : _____개

   □ 한영 사전 없이는 한 문장 이상 쓰기가 거의 불가능하다.

   □ 항상 사용하는 단어나 표현이 거의 같다.

   □ 평상시 잘 알고 있던 단어나 표현인데 막상 영어로 쓸 때는

      잘 생각나지 않는다.

   □ 가끔 아주 기본적인 문법도 생각이 잘 안 난다.

5. **말하기**   체크된 개수 : _____개

   □ 내 발음이 항상 틀린 것 같고, 억양도 이상한 것 같아 자신이 없다.

   □ 항상 쓰는 단어와 표현만 쓴다.

   □ 영어 교과서를 혼자 큰 소리로 읽어 본 적이 거의 없다.

   □ 입 밖으로 소리 내어 공부하는 것이 싫다.

지금쯤 "전 모두 해당되는데요? 아… 완전 망했네"라며 포기하고 싶은 생각이 들 수도 있어. 그런데 말이야, 현재 자신의 공부법에 대해 100% 만족한다면 이게 더 무서운 거란다.

"지금까지는 별 문제 없이 잘해 왔는데 골치 아프게 그런 고민은 왜 해요? 그냥 하던 대로 할래요!"라며 자신 있게 말하는 친구들도 있겠지? 하지만 영어 공부를 할 때, 자신도 모르게 엄청 스트레스를 받으면서 성적은 바라던 대로 나오지 않아 불안했던 적이 단 한 번도 없었는지 곰곰이 생각해 보자.

아무리 현재 영어 성적에 부모님과 자신이 만족하더라도 공부법 중 자신과 맞지 않은 부분이 있는지도 모른 채 혼자 스트레스 받고 있을 수도 있거든. 영어 공부는 대학에 합격하고 나서 안 해도 되는 게 아니라 앞으로도 꾸준히 열심히 해야만 자신의 꿈을 이루는 데 든든한 토대가 될 수 있다는 걸 명심하자.

그러니 지금 이 순간을 중요한 시작점과 전환점으로 활용해야 하겠지? 스스로에 대한 철저한 이해와 반성을 한 후에야 자신에게 가장 잘 맞는 공부법을 찾을 수 있어. 현재의 아픔은 나중에 오히려 소중한 약이 될 테니까.

"엄마, 난 자가진단 테스트 2에 다 해당되는데 어쩌라구요~!" 하며 볼멘소리를 하는 아이가 있을 거예요. 상처를 치료할 때 아픈 부분을 건드리면 너무 아파서 치료 자체를 거부할 수도 있습니다.

하지만 곪은 상처를 그냥 덮어 둔다고 낮지 않는 것처럼, 아이가 제대로 영어를 공부하고 있다고 착각한 채 잘못된 방법으로 계속 공부한다면 나중에 아이가 느낄 절망감과 후회는 더 걷잡을 수 없게 되지요.

자가진단 테스트를 통해 영어 영역별로 문제가 있다는 것을 알았다면 지금이 바로 영어를 새롭게 시작할 수 있는 최적의 기회입니다. 아이가 객관적으로 자신의 영어의 현주소를 파악하고 스스로 어느 부분을 어떻게 보완하면 좋을지 대안을 제시할 수 있도록 격려와 동기부여를 해 주세요.

자신을 정확히 알자! *Know thyself!*
– 자신의 성격 유형 찾기

장래 이루고 싶은 꿈을 위해 목표를 설정하고 현재의 문제점들을 파악했다면 이제 스스로의 성격을 정확히 파악할 차례야. 예전에 성격 검사를 받아 본 친구들도 있겠지만 자신이 어느 유형에 가까운지 다시 한번 확인해 보자.

그럼 친구 이야기부터 살펴볼까?

목표 재설정

⇩

현재 문제점 파악(자가진단 테스트 1, 2)

⇩

자신의 정확한 성격 파악

민정이의 장래 꿈은 디자이너다. 아직 중학교 2학년이지만 하고 싶은 일에 대한 열정이 대단하다. 민정이는 뛰어난 패션감각을 발휘하여 자신이 디자인한 옷을 전 세계에 알리고 싶다. 민정이는 앞으로 세계 무대에 섰을 때 거침없이 영어를 구사하고 싶기 때문에 영어를 잘하고 싶다.

민정이는 초등학교 4학년 때부터 반 친구들이 대부분 다니는 집 근처 영어 학원을 다니고 있지만, 영어는 항상 넘기 어려운 산이다. 단어 암기하는 것도 힘들고 재미도 그닥 없는 데다 점점 더 늘어나는 문법과 쓰기 시험도 무척 스트레스다. 민정이는 텔레비전에 나오는 세계 유명 디자이너를 볼 때마다 영어를 잘하고 싶은 마음은 굴뚝같지만 마음같이 되지 않아 늘 고민이다.

그러던 어느 날 민정이는 초등학교 선생님인 이모의 권유로 성격 검사를 받게 되었고, 이를 계기로 본인의 성격을 좀 더 자세히 파악하게 되었다. 또한 이제까지의 영어 공부법이 자신과 맞지 않았다는 생각도 들었다. 자신은 주로 말로 표현하는 것에 뛰어나기 때문에 그동안의 공부 방식(독해와 단어 암기, 그리고 문법 위주의 영어 공부)에 뭔가 변화가 필요하다는 걸 깨닫게 되었다.

민정이는 일찌감치 스스로 목표를 정하고 노력하는 추진력 있는 아이야. 민정이는 읽고 쓰는 것보다 말로 표현하는 것을 훨씬 더 편하게 느끼지.

그래서 민정이에게는 단어와 문법을 공부하고 나서 큰 소리로 영어를 읽어 보거나 영어로 대화할 수 있는 기회, 즉 배운 것을 말로 직접 표현해 보는 기회를 주는 것이 중요해.

민정이는 이제 머릿속으로만 공부하지 않고 자신의 방식대로 공부하기 시작했어. 대학생인 언니가 사다 놓은 외국 잡지에 나온 단어 뜻도 찾아 보고, 좋아하는 패션모델의 인터뷰 기사를 따로 스크랩해서 읽어 보기도 하는 등 영어에도 서서히 재미를 느끼고 있지.

영어를 잘하려면 스스로 어떤 것을 좋아하고 싫어하는지 좀 더 정확하게 파악해 보아야 한단다. 그래야 제대로 된 영어 공부법도 찾을 수 있거든.

다음의 성격 유형 중, 자신이 어느 유형에 해당되는지 한번 확인해 보자. 이 책에서 다루는 성격 유형들은 중학교 아이들에게서 가장 많이 찾아볼 수 있는 대표적 유형들을 켈리 쌤이 8가지로 분류한 거야.[1]

---

1. 이 책의 성격 유형 분류는 MMTIC™(Murphy-Meisgeier Type Indicator for Children®-어린이 및 청소년 성격 유형 검사) 및 MMTIC™과 어린이 및 청소년의 이해(김정택, 심혜숙 저, 2009)를 참고하여 재구성하였습니다.

각 유형마다 스스로에게 해당되는 부분에 체크해 보고 점수를 모두 더해 보자. 가장 높은 점수가 나오는 유형이 바로 자신에게 가까운 성격 유형이란다.

혹시 여러 성격 유형에서 점수가 똑같이 나왔더라도 각 문항을 한 번 더 자세히 읽어 보고 평상시 자신의 태도나 생각에 대해 더 깊이 생각해 본다면 분명 자신에게 좀 더 가까운 성격 유형을 찾을 수 있을 거야.

예를 들어, 학교 준비물을 스스로 잘 챙길 때도 있고 그렇지 못할 때도 있다면, 어느 경우가 더 자주 있었는지 곰곰이 생각해 보자. 급하게 대충 체크하다 보면 자신의 성격에 대해 좀 더 자세히 파악할 기회를 놓치게 되니까 최대한 신중하게 해야겠지?

만일 아무리 자세히 살펴봐도 여러 유형에 모두 해당되는 것 같다면 다음 장에 나오는 성격별 공부법을 켈리 쌤과 함께 자세히 살펴보고 각자에게 맞는 공부법을 찾아 다양하게 시도해 보자.

나의 성격 유형 찾기

매우 그렇다 5점, 그렇다 4점, 보통이다 3점,

꼼꼼한 계획형

어지러운 방보다는 내가 정리정돈한 깨끗한 방에 있을 때 기분 좋다.	
운동이나 게임을 할 때 일단 정해진 규칙이 바뀌는 것이 싫다.	
새로운 일을 하기 전에 항상 미리 계획을 짜놓는다.	
먼저 해야 할 일을 하고 나서 놀아야 마음이 편하다.	
아주 친한 친구들 몇 명만 사귀는 편이다.	
친구들과 함께 과제를 하는 것보다 혼자서 하는 것이 더 좋다.	
새로운 것을 하는 것보다 좋아하는 것을 다시 하는 것이 좋다.	
학교 준비물을 스스로 잘 챙긴다.	
실수한 것이 계속 생각나고 짜증나게 한다.	
고장 난 텔레비전이나 휴대폰을 잘 고친다.	
매사 논리적으로 이것저것 따져 본다.	
나보다 못하는 친구에 대해 속으로는 무시하게 된다.	
관심이 없는 과목은 전혀 안 하는 편이다.	
말을 직선적으로 하고 매우 솔직하다.	
가족이나 친구들로부터 차갑다는 말을 자주 듣는다.	

자신의 점수 _____ 점

별로 그렇지 않다 2점, 전혀 그렇지 않다 1점으로 체크하여 점수를 모두 더해 보세요 .

낙천적인 굼벵이형

선생님이나 친구들의 꾸중이나 비난에 마음에 상처를 잘 입는다.	
대개 조용하고 말이 없는 편이다.	
친구들과 잘 싸우지 않는다.	
계획을 끝까지 잘 완수하지 못한다.	
친구를 도와주는 방법을 쉽게 생각해 낸다.	
내가 일단 중요하다고 생각하는 것에는 매우 확고하고 흔들림이 없다.	
영화나 만화 등을 볼 때 머릿속에 온갖 상상의 세계가 펼쳐진다.	
친구들의 부탁을 잘 거절하지 못한다.	
산만한 편이다.	
동물들을 좋아한다.	
새로운 친구를 만나면 부끄럽고 너무 어색하다.	
매사 낙천적이고 행동이 느리다.	
내가 싫어해도 친구들이 좋아하는 것을 하는 것이 마음 편하다.	
가끔 과격한 행동을 하기도 해서 주변 사람들을 놀라게 한다.	
권위적인 선생님 앞에서 눈치를 볼 때도 있다.	

자신의 점수   점

나의 성격 유형 찾기

즐거운 덜렁이형

야단을 맞아도 마음속에 깊이 담아두지 않는다.	
학교에서 장난이 심한 편이다.	
항상 노는 것 먼저 하고 숙제는 미루는 편이다.	
평상시에는 여유를 부리다가 막바지에 후다닥 급히 끝내는 편이다.	
변덕이 심하고 기분이 좋으면 과잉행동을 하기도 한다.	
목소리가 크다.	
선생님의 칭찬과 관심이 중요하다.	
혼자보다는 친구들과 함께 공부하는 것이 좋다.	
용돈을 계획 없이 금방 써버린다.	
방이 늘 어지러워 물건을 찾을 때 힘들다.	
수업시간에 딴 생각을 많이 한다.	
하기 쉽게 미리 짜여진 숙제보다 흥미롭고 새로운 숙제가 더 좋다.	
게임 할 때 규칙은 얼마든지 바꿀 수 있다고 생각한다.	
복습이 예습보다 더 싫다.	
혼자 있을 때를 별로 좋아하지 않는다.	

자신의 점수 _____ 점

적극적인 행동형

매사 합리적인지 생각해 본 다음에 행동한다.	
목표를 이루었을 때가 가장 행복하다.	
주어진 일에 책임감을 가지고 열심히 임한다.	
항상 반장 선거에 나가고 반장이 되면 역할도 잘 해낸다.	
경쟁심이 강한 편이다.	
어른들로부터 예의 바르다는 칭찬을 자주 듣는다.	
공평한 것이 내겐 매우 중요하다.	
매사 솔선수범한다.	
친구들에게 호감을 많이 사고 싶다.	
주변에 항상 친구가 많다.	
고집이 센 편이다.	
독창적인 아이디어가 많고 재주가 많다는 소리를 자주 듣는다.	
공부할 때 핵심을 금방 파악한다.	
어려운 일이 생기면 포기하지 않고 해결하기 위해 최선을 다한다.	
권위적인 선생님에게는 나도 모르게 반발심이 든다.	

자신의 점수 _____ **점**

Chapter 4

성격별로 영어 공부하는 법

영어 시험 전엔 항상 불안해! 꼼꼼한 계획형

영어 시험 공부는 내일부터 하면 돼~ 낙천적인 굼벵이형

영어 숙제는 일단 친구들과 놀고 나서 해야지! 즐거운 덜렁이형

다음 영어 시험은 더 잘 봐야지! 적극적인 행동형

이제 자신에 대해 좀 더 객관적으로 알게 되었니?

그럼 각자에게 맞는 영어 공부법이 무엇인지 자세히 알아보는 거야.

반드시 자신에게 해당되는 공부법만 읽어 보지 말고,

다른 성격의 친구들을 위한 방법도 읽어 보자.

자, 이제부터 자신만의 공부법을 찾아볼 준비가 됐지?

영어 시험 전엔 항상 불안해!

꼼꼼한 계획형은 미리미리 학교 시험을 준비하지. 그날 저지른 작은 실수도 마음에 담아두고 밤새 뒤척이며 잠을 못 이루기도 해. 시험 전날에는 공부를 많이 못했다고 걱정하느라 오히려 공부를 제대로 못할 때도 있어.

꼼꼼한 계획형 중에는 자기 주관이 뚜렷해서 무엇이든지 논리에 맞지 않는다고 생각하면 끝까지 인정하지 않는 아이들이 있단다. 자신보다 공부를 못하는 친구들을 무시하는 듯한 인상을 주기도 해서 잘난 척한다고 친구들에게 미움을 사기도 하지. 또한 관심 있는 분야에는 놀라운 집중력을 보이지만 싫은 분야는 아예 쳐다보지도 않는 편이야.

자, 이제 꼼꼼한 계획형을 위한 영어 공부법을 알아보자.

1) 혼자 할 수 있을 만큼만 한 걸음 한 걸음씩 (읽기+쓰기)

계획을 세우는 데 꼼꼼한 계획형을 따라올 자는 없어. 꼼꼼한 계획형은 영어 읽기 공부를 한다고 마음 먹기가 무섭게 계획부터 세우기 시작한단다. 학습 목표를 짜고 영어 교재에 나온 단원들을 날짜별로 계획을 짜놓아야 마음이 놓이거든.

자신이 이런 꼼꼼한 계획형이라면 스스로 공부하기에 가장 편한 읽기 문제집이나 참고서, 또는 관심 있는 주제의 영어 원서를 한 권만 준비해 보자. 처음부터 욕심 내어 여러 가지 책을 준비해 놓는다면 다 공부하지 못했을 때 엄청 스트레스를 받을 수도 있단다.

꼼꼼한 계획형은 공부할 때 모르는 부분을 대충 넘기면 하루 종일 마음에 뭔가 불편함을 느끼지. 따라서 읽기 교재를 고를 때는 설명이 자세히 되어 있어서 혼자서도 쉽게 이해할 수 있는 교재를 골라야 한단다. 서점에 가서 책의 차례나 글씨체도 살펴보고 가장 마음에 드는 것으로 골라보자. 처음엔 잘해 보고 싶은 마음에 계획을 다소 무리하게 세울 수도 있어. 하지만 하루 공부할 분량을 계획할 때는 결코 양으로 승부하지 않도록 주의하자.

꼼꼼한 계획형에게는 하루에 한두 문제라도 괜찮으니까 매일 계획대로 풀어보는 습관을 들이는 것이 매우 중요하단다. 혹시 답을 확인하고 나서도 잘 이해가 가지 않는다면 오답 노트를 만들어서 따로 정리해 두자. 그러면 시험이 다가올수록 이 오답 노트가 마음을 안정시켜 줄 거야.

재미있는 챕터북을 읽어 보자!

자신의 독해 실력이 기초 단계라면 처음부터 굳이 독해 문제집을 사서 풀 필요는 없어. 오히려 쉽고도 재미있는 영어 동화를 골라 하루에 15분 정도씩 꾸준히 읽는 것이 영어 읽기에 더 도움이 되거든. 흥미로운 주제의 챕터북(chapter book)을 활용하면 어떨까?

다음 책은 주인공 Peter가 어린 남동생 Fudge랑 살면서 겪는 일상의 재미있는 에피소드를 엮은 것으로 부담 없이 읽기에 좋단다.

Tales of a Fourth Grade Nothing
Judy Blume(Puffin, 2007)

챕터북을 읽고 나서 내용이 무엇이었는지 간단히 적어 보면 주제와 요지 찾기 연습도 할 수 있단다. 거창할 필요도 없고 정해진 틀대로 적지 않아도 괜찮아.

너무 적게 읽은 날은 안 해도 되냐고? 아쉽게도 켈리 쌤의 대답은 "No"야. 만일 하기 싫어서 두세 문장만 읽은 날도 내용을 몇 단어만이라도 요약해 보자. 이런 연습이 계속 쌓이다 보면 좀 더 정확한 읽기와 쓰기가 가능하게 되거든.

처음에 영어로 적는 것이 어렵다면 책을 덮고 읽은 내용을 간단히 한글로 요약해 보자. 관련 내용을 일일이 다 찾지 않고 스스로 머릿속으로 정리하는 연습을 꾸준히 하다 보면 나중에 아무리 긴 지문을 접하더라도 중간에 흐름을 놓치지 않고 내용을 정확하게 파악할 수 있게 된단다.

단, 내용을 파악하고 난 후에 몰랐던 단어는 간단히 의미만 파악하고 넘어가자. 나중에 다시 그 단어가 나올 때는 사전을 바로 찾지 말고 문맥 속에서 뜻을 파악해 보도록 노력하는 것도 잊지 말고~!

쓰기 연습을 해 보자!

꼼꼼한 계획형의 꾸준한 점은 영어 쓰기를 남들보다 좀 더 잘하도록 도와준다. 만일 정해진 시간에, 예를 들면 학교 쉬는 시간이나 점심 시간 등을 활용해서 매일 간단한 영작 연습을 한다면 영어 감각을 늘 따끈따끈하게 유지할 수 있을 거야.

마땅히 영작 교재가 없거나 지금 가지고 있는 문제지가 너무 어렵다면 영어 수업시간에 배운 문장을 우선 우리말로 해석해 보고 이를 다시 영어로 바꾸는 연습을 하자.

수업시간에 배운 내용 중 단어와 문법을 복습하는 효과도 있으니까 일석이조인 셈이지. 한 문장, 두 문장씩 영작을 하다가 더욱 익숙해지면 매일 영어 일기를 쓰는 것에도 도전해 볼 수 있겠지?

"선생님, 전 영어가 너무 싫은데 어떡해요?" 혹시 이렇게 한탄을 하는 꼼꼼한 계획형이 있다면 일단 가족 앨범을 정리해 보면 어떨까? 예쁜 앨범을 사서 제일 마음에 드는 가족 사진을 골라 정리해 보자. 사진 뒷면에는 당시 상황에 대해 간단히 영어로 메모하는 거야. 처음엔 그날의 날씨, 사진 속의 장소, 날짜 등만 적어 보고 그 다음에는 당시 느꼈던 점들을 간단한 영어 문장으로 적어 보자.

이런 활동이 영어에 무슨 도움이 되냐고? 이런 쓰기 활동은 자기 의견 쓰기 및 일상생활에 대한 글쓰기 연습에 많은 도움이 된단다. 나중에는 전반적인 영어 글쓰기 능력이 향상되겠지? 이러한 연습이 점차 익숙해지면 새로운 단어도 찾아보고 내용을 조금씩 늘려가 보자. 내용이 점차 길어지면 앨범이 아니라 노트에 따로 여행 일지를 만들어 보는 건 어떨까? 나중에 가족의 소중한 추억거리가 될 거야.

관심 있는 분야의 책에 깊이 빠져 보자!

만일 지금 당장 관심 있는 분야를 영어로 읽는 것이 너무 부담된다면 같은 내용을 다루면서도 좀 더 쉬운 책을 찾아 읽어 보자. 관심 있는 책을 재미있게 읽으면서 이해가 잘 되지 않는 부분이 있다면 영어나 한국어로 간단히 메모지에 적어서 책 표지 앞에 붙여 놓는 것도 켈리 쌤이 추천하는 방법이야. 그러면 언제든 그 책을 다시 펼쳤을 때 예전에 적어 둔 메모를 보고 다시 한 번 꼼꼼히 생각해 볼 수 있거든. 확실히 처음 읽을 때보다는 내용이 좀 더 쉽게 느껴져 수월하게 이해할 수도 있으니 켈리 쌤 말대로 한번 해 보자. 자, 다음 책들을 살펴볼까?

Mistakes That Worked

Charlotte Foltz Jones(Doubleday Books for Young Readers, 1994)

혹시 코카콜라나 포테이토칩이 누군가의 우연한 실수에 의해 만들어졌다는 사실을 알고 있니? 이 책은 우리 주변에서 흔히 볼 수 있는 물건들이 누군가의 실수에 의해 만들어졌다는 사실을 재미있게 다루고 있어. 가족 모두 재미있게 읽을 수 있기 때문에 읽고 나서 쓰기 연습이나 이야깃거리로 활용하기에 좋단다.

단, 미국 생활 위주로 쓰여 있어 실제 미국에서 생활해 본 경험이 없으면 잘 이해가 되지 않는 부분이 있을 수도 있어. 그런 건 인터넷으로 한번 찾아본다면 미국 문화를 좀 더 깊게 이해할 수 있는 좋은 기회가 될 거야.

Girls Think of Everything :
Stories of Ingenious Inventions by Women
Catherine Thimmesh(Houghton Mifflin Harcourt, 2002)

이 책은 여성들이 발명한 실용적인 발명품들에 대해 소개하고 있어. 예를 들면, 자동차 앞 창에 붙어 있는 유리닦개에서 초콜릿칩 쿠키에 이르기까지, 뜻밖의 수많은 발명품이 여성들에 의해 만들어졌다는 사실에 아마 깜짝 놀라게 될 거야. 이 책은 특히 여자아이들의 호기심을 자극하고 영어를 좀 더 재미있게 읽는 데에 도움을 줄 수 있단다.

The Little Book of Big Questions
Jackie French ; illustrated by Martha Newbigging(Annik Press, 2000)

혹시 다음 질문에 의문을 가져본 적 있니? 예를 들면, '우주는 어떻게 시작된 걸까? 어떤 것이 옳고 그른지 우리는 어떻게 알 수 있는 걸까? 우리 삶은 왜 불공평한 걸까?'

이 책은 누구나 당연하다고 생각하지만 막상 답을 하기엔 어려운 주제들에 대해 우리가 좀 더 깊이 생각하도록 도와준단다. 특히 대화

체로 구성되어 있어서 읽다 보면 관련 주제에 대해 마치 토론하는 느낌을 주기도 하지. 만일 이 책을 영어 읽기뿐만 아니라 토론 주제로 꾸준히 활용한다면 자신의 의견을 논리적으로 말하는 능력도 생기게 되겠지?

이 책에서 다루는 내용들 중 아래의 주제를 한번 살펴보자. 평소에 미처 생각해 보지 못한 주제들을 깊이 생각해 볼 수 있어서 사고력 향상에도 많은 도움을 줄 거야.

- How do we know what is rigt or wrong? (무엇이 옳고 그른지 우리는 어떻게 아는 걸까요?)
- How did the universe begin? (우주는 어떻게 시작된 걸까요?)
- What happens when you die? (여러분이 죽으면 어떤 일이 일어날까요?)
- Do aliens exist? (외계인은 정말 존재하는 걸까요?)
- Why isn't life fair? (왜 인생은 공평하지 않은 걸까요?)
- How far away are the stars? (별들은 얼마나 멀리 있는 걸까요?)
- Should we transplant pig hearts or chimpanzee kidneys into humans? (사람 몸에 돼지 심장이나 침팬지 콩팥을 이식할 수 있을까요?)

　앞의 책들은 미국 유치원 수준부터 초등학교 고학년에 이르기까지 난이도가 다양합니다. 하지만 미국 아이들 기준이기 때문에 초등학교 저학년 책이라고 해도 쉬울 거라고 성급히 단정 짓지 말아야 해요. 특히 과학 용어와 전문적인 개념들도 포함되어 있어서 우리나라 중학교 혹은 고등학교 학생들도 어렵게 느끼는 부분이 있을 수 있지요.

　즉 영어가 모국어인 학생들을 대상으로 한 것이니만큼 추천 연령대를 너무 의식하지 말고 우리 아이의 현재 실력에 맞는 책을 고르는 데 주력해야 합니다.

　단, 아이가 관심 있는 분야의 책을 선택할 때는 아이의 실력보다 약간 더 난이도가 높은 책을 선택하는 것이 좋아요. 자신의 실력보다 조금 더 어려운 책으로 공부할 때 이 유형의 아이들은 더욱 도전의식을 느끼며 몰두하게 되기 때문이지요.

2) '왜' 틀렸는지 오답 정리 해 보기 (듣기+쓰기)

꼼꼼한 계획형은 자신에게 익숙한 것에 더 많은 관심을 갖고 열심히 하는 편이야. 듣기 연습도 익숙한 장소에서 하면 집중을 더 잘할 수 있단다. 편안하게 방해받지 않고 집중할 수 있는 곳이면(자신의 방이든, 독서실이든, 혹은 집 근처 공원이든) 어디든 괜찮아.

영어 듣기 연습을 할 때는 예전에 틀렸던 문제를 오답 노트에 따로 정리해 보자. 그러면 나중에 시험 보기 전에 왜 틀렸었는지 한눈에 알 수 있기 때문에 그 유형의 문제는 다시 틀리지 않게 되거든.

오답 노트에 틀린 문제와 답만 간단하게 적는 친구들이 많은데, 사실 좀 더 제대로 하려면 틀린 이유도 함께 적어 놓아야만 같은 실수를 되풀이하지 않게 된단다.

예를 들면, '대화는 다 이해했는데 문제를 잘못 읽어서 틀렸음.' '대화를 들을 때 다른 비슷한 발음의 단어와 헷갈렸는데 그 뜻을 생각하다가 다음 내용을 놓쳤음.' '완전히 아는 문제였는데, 답을 선택할 때 덜렁대서 다른 번호를 골랐음' 하고 정확한 이유를 적어 보도록 하자.

안타깝게도 우리의 바람과 달리 영어 듣기는 하루 아침에 이루어지지 않는단다. 하지만 꼼꼼하게 만든 계획표와 끈기로 무장한 꼼꼼한 계획형들에게 영어 듣기 실력 향상은 그리 어렵지 않을 거야.

Who Was Steve Jobs?

Pam Pollack & Meg Belviso(Grosset&Dunlap, 2012)

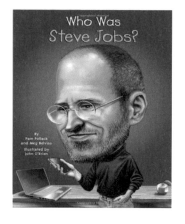

챕터북 'Who Was…' 시리즈는 우리에게 잘 알려진 인물에 대한 짧은 전기로 구성되어 있어. 먼저 책을 읽어 본 후 CD를 들으면서 받아쓰기를 한 건 어떨까? 받아쓰기를 한 후 책을 보고 다시 확인할 때는 반드시 큰 소리로 읽어 보자. 직접 큰 소리로 발음해 보아야 영어가 더 잘 들리게 되거든.

책이 두껍지 않아서 부담이 별로 없고 한 권씩 꾸준히 읽다 보면 어느새 듣기 실력도 많이 좋아질 테니 켈리 쌤을 믿어 봐!

3) 화장실 거울 보고 자신의 꿈을 설명해 보기 (말하기)

그룹으로 공부하는 것보다 혼자서 공부하는 것을 더 좋아하는 꼼꼼한 계획형은 어떻게 영어 말하기 공부를 해야 할까?

꼼꼼한 계획형은 선생님이 수업시간에 시키면 갑자기 아무 생각도 안 날 때가 있을 거야. 혹은 친구들 앞에서 영어로 자기소개를 하거나 수업시간에 영어 말하기 활동을 할 때면 스트레스를 받은 적도 많았지? 자신의 차례가 될 때까지 계속 긴장하다가 아는 것도 실수하거나 말을 제대로 못해서 집에 가서는 괜히 엄마한테 짜증을 낸 적도 있을 거야.

하지만 걱정할 필요 없어. 꼼꼼한 계획형은 다른 유형의 친구들과 조금 다르게 공부하면 되거든. 여럿이 함께 수업받기보다는 선생님과의 1:1 수업이나 자신의 영어 목소리를 스스로 녹음해 보는 건 어떨까? 매일 아침 거울 보고 영어로 자기소개 하기, 큰 소리로 교과서 암기하기 등도 효과적인 방법이야.

그러나 어떤 방법을 쓰더라도 명심해야 할 것이 있단다. 바로 스스로 익숙해질 때까지 혼자 말하기 연습할 시간을 충분히 가져야 한다는 거야. 시간이 좀 걸리더라도 스스로 어느 정도 영어 말하기에 확신이 생긴다면 좀 더 자신감 있게 영어 말하기를 할 수 있게 되거든.

혼자 말하기 연습을 할 때 주제는 자신의 관심거리 중에서 선택하면 돼. 좋아하는 할리우드 스타의 최근 소식을 인터넷으로 찾아보는 건 어떨까? 좋아하는 영화나 어렸을 때부터 좋아했던 만화 캐릭터에 대한 영어 자료를 찾아 아무도 없는 방에서 혼자 큰 소리로 읽어 보자. 모르는 어휘나 표현들은 따로 노트나 단어장에 정리해 두고 틈틈이 자신의 것으로 만든다면 어휘 실력도 쑥쑥 향상될 거야.

그리고 오늘부터 화장실이나 방에서 거울을 볼 때마다 영어로 자신의 꿈을 말해 보는 연습을 해 보자. 이것은 영어 말하기를 자신감 있고 자연스럽게 할 수 있기 위해 꼭 필요한 과정이거든. 여기에 계속 내용을 덧붙이고 다듬어 가면 각종 영어시험 대비를 위해서 뿐만 아니라 앞으로 수도 없이 해야 할 영어로 자기소개 하기를 남들보다 더 유창하고 자연스럽게 할 수 있을 거야.

단, 이때 주의할 점이 있어. 한두 문장을 말하더라도 문법적으로 완전한 문장을 만들도록 노력해야만 말하기 실력이 향상될 수 있다는 거야.

또한 항상 "I like chicken., I am sleepy." 등 몇 단어로 말하는 데에만 익숙해져 있다면 막상 시험 볼 때에는 정해진 시간 안에 자신의 생각을 영어로 조리 있게 표현하는 것이 거의 불가능하거든.

평소 말할 때 같은 단어나 문장 형식만 자꾸 사용하거나, 자신도 모르게 접속사(and, but)나 감탄사(oops, wow…) 등을 불필요하게 반복해서 말하는 건 아닌지 가끔 녹음을 해 보고 스스로 확인해 보자.

엄마 보세요~

혼자 학습하는 것을 선호하는 꼼꼼한 계획형들은 여러 친구들과 함께 말하기 수업을 하면 겉으로는 따라가더라도 속으로는 스트레스를 받는 경우가 많아요. 새로운 내용을 배우는 것보다는 그 시간에 창피를 당하지 않고 잘 넘어가야 한다는 생각에 사로잡히는 경우가 더 많지요. 심지어 그 시간을 시간낭비라고 생각하는 아이들도 종종 있습니다.

또한 이 유형의 아이들은 자신이 모르는 것을 혼자 소화해 내는 것을 좋아하고 모르는 것은 말하기보다 읽기와 쓰기를 통해 이해하려는 성향이 강해요. 따라서 읽기와 쓰기를 통한 사고 과정을 무시하고 무조건 영어로 말해 보라고 다그치면 아이가 영어에 대해 자신감을 잃을 수 있어요. 아이 스스로 터득하고 다음 단계로 넘어갈 준비가 될 때까지 조금 여유를 가지고 기다려 주어야 합니다.

4) 동화를 삐딱하게 읽어 보기 (읽기+쓰기+말하기)

자기 감정을 표현하는 것을 별로 좋아하지 않는 친구들은 일기나 독후감을 쓸 때 머릿속에 아무것도 떠오르지 않을 때가 많을 거야. 게다가 영어로 느낀 점을 적어 보는 것은 더욱 어렵게 느껴지겠지. 이럴 땐 느낀 점보다는 차라리 자신이 좋아하는 것에 대해 설명하는 글을 간단하게나마 몇 문장이라도 써 보는 것이 영어 쓰기에 도움이 된단다. 자신이 생각하기에 느낀 점보다는 객관적으로 분석, 설명하는 것을 더 좋아한다면 이를 영어 말하기에도 적극 활용할 수 있어.

자, 이제 읽기+쓰기+말하기를 함께 연습하는 방법을 생각해 볼까? 세 영역을 서로 연결지어 연습하기 위해 켈리 쌤과 '비판적 읽기 활동(critical literacy)'을 활용해 보자. 비판적 읽기 활동은 책 내용을 있는 그대로 받아들이지 않고 비판적으로 좀 더 깊이 생각해 보는 읽기 활동이야.2

자, 어렸을 때 이미 읽어서 다 알고 있는 쉬운 영어 동화들을 활용해 볼 거니까 뭔가 어려울 것 같다고 미리 부담 갖지 마~.

다양한 시각으로 동화들을 다시 읽어 보면 어려서 읽었을 때와는 많이 다르다는 걸 느끼게 될 거야. '아기돼지 삼형제' 내용은 이미 잘 알고 있지?

그럼 이제부터 어릴 때 읽었던 동화의 세계로 떠나보자!

---

2. Luke, Allan(2004). Foreward. in MacLaughlin, M. and Devoogd, G. (2004). Critical Literacy : Enhancing students' comprehension of text. New York, Scholastic.

Three Little Pigs ⟨original version⟩

(아기돼지 삼형제)

Golden Books(Disney; First edition, 2004)

■ 돼지들의 행동 중 잘 이해가 가지 않는 부분이
있나요? 있다면 그 이유를 설명하세요.
(Are there three little pigs' behaviors that
are not justifiable? If so, answer why.)

_____

_____

_____

■ 스스로 늑대의 입장이 되어, 자신의 입장을 독자들에게 설명해 보세요.
혹시 억울한 점은 없나요?
(If you were the wolf, how would you explain your position
to the readers?)

_____

_____

자, 이제 우리에게 익숙했던 '아기돼지 삼형제' 이야기와 조금 다
른 시각에서 쓰인 다음 책들도 한번 읽어 볼까?

1 The Three Little Wolves and the Big Bad Pig

(아기늑대 삼형제와 커다란 못된 돼지)

Eugene Trivizas(Margaret K. McElderry Books, 1997)

■ 어릴 때 읽었던 '아기돼지 삼형제'에 나오는 돼지들과 이 책에서 돼지의 모습이 어떻게 다른지 차이점을 적어 보세요.

(How different are the three little pigs in the original story and the big pig in this story?)

_____

_____

_____

■ 어릴 때 읽었던 '아기돼지 삼형제'와 이 책의 주제는 어떻게 다른가요?

(Write the different point of view of the story from the original theme.)

_____

_____

_____

❷ *The True Story of the Three Little Pigs*

(아기돼지 삼형제의 진실된 이야기)

Jon Scieszka(Puffin : Reprint edition, 1996)

■ 이 책에서 늑대의 억울함은 무엇인가요?

(What makes the wolf upset?)

_____

_____

_____

❸ *The Three Little Pigs and the Somewhat Bad Wolf*

(아기돼지 삼형제와 약간 못된 늑대)

Mark Teague(Orchard Books, 2013)

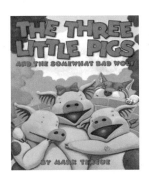

■ 이 책에서 늑대는 자신의 어떤 부분에 대해 부끄러워졌나요?

(What makes the wolf feel embarrassed?)

_____

_____

_____

이 질문에 대한 답을 영어로 쓰는 것에 익숙해졌다면 이젠 답변을 영어로 말해 보는 연습을 해 보자. 큰 소리로 말해 보면 써보았던 영어 표현들이 좀 더 머릿속에 확실히 기억될 거야.

5) TED - Ed로 한번 공부해 볼까? (듣기 + 읽기)

요즘은 많은 친구들이 영어 만화, 드라마 또는 영화를 이용한 영어 듣기 연습에 이미 익숙해져 있지. 물론 관심 있는 영상물을 영어 듣기 공부에 제대로만 활용한다면 많은 도움이 될 거야.

단, 여기서 한 가지 주의할 점이 있어. 자신이 뭔가 항상 비판적으로 분석하길 좋아한다면 영어 만화나 영화를 단지 '보는' 것 자체는 별 도움도 안 될 뿐만 아니라 금방 싫증을 느끼게 된다는 점이야. 즉 매사 논리적으로 생각하고 분석하는 것을 좋아한다면 영어 듣기 공부법도 다른 친구들과는 분명 달라야 하겠지?

먼저 TED-Ed(http://ed.ted.com)를 한번 살펴보자.

TED-Ed 사이트를 방문하면 각자 관심 있는 분야의 강의를 마음껏 골라서 볼 수 있단다. 화면 오른쪽을 보면 강의 내용에 대한 질문에 답해 보거나 토론에 참여할 수 있도록 구성되어 있지.

　강의를 볼 때는 영어 자막을 함께 활용해 보자. 내용은 이해하기 쉽더라도 속도가 다소 빠르고 생소한 단어들이 한꺼번에 마구 쏟아져 나오기도 하거든. 자막과 함께 강의를 보고 함께 소리 내어 읽다 보면 듣기와 읽기 실력뿐만 아니라 말하기 실력 향상에도 많은 도움이 될 거야.

　TED-Ed 사이트 이외에도 유튜브 교육 사이트(http://www.youtube.com/education)도 방문해 보고 각자 다양한 관심거리를 찾아 영어 공부에 활용해 보자! 다음의 영화와 책도 살펴볼까?

Cloudy with a Chance of Meatballs

DVD(2009), BOOK(Judi Barrett, 1978)

어느 날 한 과학자가 '슈퍼 음식 복제기'를 발명하게 되는데 이때 부터 마을에는 재앙이 시작되지. 실험 도중에 기계가 하늘로 올라가 하늘에서 햄버거 비가 내리게 되면서 여러 부작용을 낳게 되거든.

전반적인 내용이 아이들의 상상력을 자극하고 여러 교훈도 전달 하기 때문에 실제 미국 초등학교 2~4학년 읽기 및 쓰기 활동에 많이 활용되고 있어. DVD뿐만 아니라 책도 함께 읽어 본다면 영어 실력을 좀 더 탄탄하게 다지게 되겠지?

1편을 활용하고 나서 2편도 본다면 이미 아는 단어 실력도 다시 한번 다질 수 있고 다양한 영어 표현에도 좀 더 익숙해지게 될 거야.

DVD 1편

BOOK

DVD 2편

영어 시험 공부는 내일부터 하면 돼~

낙천적인 굼벵이형은 마음이 너그럽고 주변 사람들의 요구를 쉽게 뿌리치지 못하면서 마음속으로는 상처를 쉽게 받는 편이야. 그런데 막상 중요하다고 여기는 부분에 대해서는 절대 흔들리지 않는 뚝심을 가지고 있기도 하지. 책이나 영화를 볼 때면 주인공들과 함께 모험을 떠나고 머릿속엔 온갖 상상의 나래를 펼치기도 해.

낙천적인 굼벵이형은 수업시간에 아는 것이라도 선생님이 물어보지 않으면 대답도 잘 하지 않는 편이야. 또한 행동이 굼뜨고 끈기가 없다고 엄마 아빠에게 꾸중을 많이 듣지만 이런 점이 잘 고쳐지지 않아서 스스로도 나름 답답할 거야. 하지만 낙천적인 굼벵이형에겐 예술가적인 면이 있고 감수성도 풍부하다는 장점도 있어.

단, 낙천적인 굼벵이형 중에는 혼자 해 보겠다고 자신감에 가득 차서 다른 사람들의 도움을 받을 필요가 없다고 생각하는 친구들이 많아. 하지만 자신에게 꼭 맞는 방법을 알기도 전에 무작정 혼자 공부해 보겠다고 우기는 건 시간낭비니까 주의하도록 하자.

자, 이제부터 평상시엔 느긋하다가 시험 전날 몰아치는 영어 공부는 그만하고 자신에게 꼭 맞는 차근차근 영어 읽기 방법부터 한번 찾아보자!

1) 얇고 재미있는 책부터 읽어 보기

낙천적인 굼벵이형은 수업시간에도 온갖 상상의 나래를 펼치며 딴 생각에 빠져 있을 때가 많지? 만일 영어 읽기 공부를 할 때도 마음껏 상상력을 발휘할 수 있는 책들을 골라본다면 자신도 모르는 사이에 영어 실력이 쑥쑥 향상될 수 있을 거야.

중학교 1학년인 규태는 매사 끈기가 없고 한번 책상에 앉으면 15분 이상 집중하지 못한다고 엄마에게 항상 꾸중을 듣는다. 규태는 학교 시험이 2, 3일 앞으로 다가와도 여유를 부리다가 영어 시험 전날이 되어서야 벼락치기를 시작한다. 이런 학습 태도가 못마땅한 엄마는 계획부터 세우고 차근차근 공부하라고 말씀하시지만 규태는 듣는 둥 마는 둥 천하태평이다.

또한 규태는 남학생이라고 믿어지지 않을 만큼 섬세하고 음악에 대한 조예가 깊다. 초등학교 2학년 때부터 시작한 피아노는 현재 수준급이고 올 여름방학에는 아빠가 사 주신 기타를 배우기도 했다.

여기서 규태를 위한 영어 읽기 공부법을 알아볼까? 음악에 관심이 많은 규태에게는 마음에 드는 팝송이나 뮤지컬곡들을 불러보거나 직접 연주해 보는 방법이 영어에 재미를 느끼는 데에 도움이 될 거야. 규태는 음악뿐만 아니라 사실적 내용을 다룬 사건이나 역사 등의 다큐멘터리도 좋아하니까 마음에 드는 관련 분야의 책을 골라서 조금씩 매일 읽기를 시도해 보도록 하자.

I Survived the Shark Attacks of 1916

Lauren Tarshis(Scholastic, 2010)

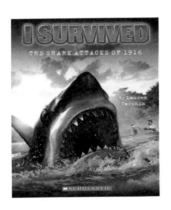

자신이 낙천적인 굼벵이형이라면 다음 두 책을 읽어 보는 건 어떨까? 'I Survived…' 시리즈는 다양한 실제 사건을 바탕으로 쓰여진 흥미진진한 이야기야.

실제 사건에서 살아남은 주인공들의 이야기를 읽다 보면 자신도 모르게 점차 그 사건 속으로 깊이 빠져들게 될 거야.

How Full Is Your Bucket?(For Kids)
Tom Rath & Mary Reckmeyer(Gallup Press, 2009)

우리 머릿속에는 눈에 보이지 않는 양동이가 들어 있대. 만일 다른 사람들이 우리에게 옳지 못한 행동을 할 때는 우리 머릿속에 있는 양동이가 비워지지만 그 사람들의 양동이에서는 물이 넘쳐 흐른다고 하지.

만일 우리 머리에서 물이 줄줄 흐르면 기분이 그리 좋진 않겠지? 즉 우리가 다른 사람들에게 잘못된 행동을 할 때는 그 사람들의 양동이가 비워지는 대신 우리 양동이가 넘쳐 흐르게 되는 거야. 이 책은 타인에 대한 배려와 올바른 행동의 중요성을 재미있게 알려 주고 있단다.

낙천적인 굼벵이형은 대개 구체적인 사실을 잘 암기하지. 따라서 영어를 읽고 나서도 이러한 점을 잘 활용한다면 더 쉽게 영어 읽기를 할 수 있을 거야.

예를 들어, "이 책을 읽고 전체적인 느낌은? 이 글의 주제는?" 같은 질문은 좀 나중으로 미루고, "그 사건이 발생했던 장소는? 주인공이 그곳에 갔을 때 분위기는? 그때 사람들이 입고 있었던 옷은?"

등 매우 자세하고도 사실적인 질문들에 먼저 답해 보는 연습을 해 보자.

만일 자신이 좋아하는 분야라면 밤에 한숨도 자지 않고 끝까지 파고들지만 좋아하지 않는 분야는 거의 쳐다보는 것조차 싫어한다면, 이는 좋고 싫은 것이 매우 분명한 성격이어서 그럴 거야. 자, 쳐다보기도 싫어서 책상 위에 펼쳐놓고 베개로 쓰던 영어 교재는 잠시 덮어 두고 관심 있는 이야기책을 찾아보도록 하자!

현아는 평소에 조용하고 마음이 여린 중학교 3학년이다. 학교 쉬는 시간에는 대개 좋아하는 추리소설을 읽거나 제일 친한 친구인 수영, 민서와 수다를 떨기도 한다. 대개 조용하고 말이 없지만 가끔 기발한 아이디어를 내거나 수업시간에 잘못된 부분을 대범하게 지적하는 등의 행동으로 선생님과 친구들을 가끔 놀라게 할 때도 있다.

현아는 학교 영어 성적이 상위권이지만 집에서는 거의 공부하지 않는 것 같아 엄마는 걱정이 태산이다. 엄마는 영어 공부를 학교 수업시간에만 집중적으로 한다는 현아 말에 뭔가를 더 시켜야 할 것 같아 3개월 전부터 성적이 비슷한 세 아이와 함께 그룹과외를 받도록 하였다.

하지만 결과는 실패였다. 일단 낯선 친구들과 쉽게 사귀지 못하고 과외 받으러 가는 날 아침만 되면 예민해져서 엄마와 말싸움을 하기 일쑤였다. 현아는 어려운 토플 영어 독해와 쓰기 수업에 머리가 지끈거린다고 한다. 일단 수없이 반복해야 하는 무작정 단어 암기에도 온몸이 뒤틀렸고 성적이 비슷한 아이들과 경쟁하는 분위기 자체가 싫었다.

처음엔 영어 과외수업이 싫다고 말씀드렸지만 엄마의 완강함에 현아는 더욱 위축되고 요즘은 부쩍 말수도 적어졌다. 영어 성적은 더 떨어졌고 학교에서 집에 오면 자기 방에 들어가 문을 닫아 버리고 되도록 엄마와는 마주치지 않으려 한다.

현아는 긴장된 분위기도 싫은데다 자신의 실력보다 더 어려운 수업을 받는 것에 스트레스를 많이 받는 것 같아. 만일 스스로 원치 않는 방식으로 계속 공부한다면 현아는 영어를 더욱 싫어하게 될 거야.

현아는 현재의 과외수업 대신 자신이 좋아하는 내용의 영어 단편 추리소설 한 권을 선택해서 친한 친구들과 함께 읽은 내용에 대해 간단히 적어 보는 '읽기+쓰기 수업'을 받는 것이 더 나을 거야. 혹시 지금 다니고 있는 학원이나 과외수업에서 현아와 같은 스트레스를 받고 있지는 않니?

만일 친한 친구들과 함께 영어를 공부하는 것이 힘든 상황이라면 스스로 좋아하는 분야의 책을 선택해 보자. 얇고 이해하기 쉬운 추리소설이나 공상과학소설 등 자신이 관심 있는 주제라면 어떤 책도 괜찮거든.

책을 읽고 나서 반드시 독후 활동을 할 필요는 없단다. 내용에 대한 질문에 답을 찾고 생각해 내느라 스트레스 받지 말고 그냥 재미있게 상상의 세계 속으로 빠져 보자!

Pippi Longstocking

Astrid Lindgren (Puffin : Reissue edition, 2005)

힘이 무지 센 삐삐와 모험을 떠나볼까? 부모님 없이 혼자 사는 아홉 살 삐삐가 친구 토미, 에니카와 함께 여행을 하면서 겪는 흥미진진한 모험 이야기가 가득하단다. 영어 표현이 그리 어렵지 않고 알록달록한 그림이 가득해서 지루할 틈도 없을 거야.

다음 책은 글씨도 작고 두꺼운 편이지만 모험을 좋아하는 영어 실력파라면 꼭 한 번 도전해 보길 바래!

The Mysterious Benedict Society and
the Prisoner's Dilemma
Trenton Lee Stewart(Little Brown Books for Young Readers :
Reprint edition, 2010)

이 책은 'The Mysterious Benedict Society' 시리즈 중 하나로 네 친구들의 모험 이야기야. 모험 이야기 속에는 우리가 좀 더 깊이 생각해 볼 만한 주제들(예를 들면 가족, 두려움, 포기 등 개인적인 가치관에서 사회적인 문제 등)에 대해서도 다양하게 다루고 있단다.

이야기 진행 속도가 다른 모험 이야기보다는 좀 느리게 느껴질 수도 있지만, 천천히 읽어 본다면 영어 읽기 실력은 물론이고 생각이 더 깊어지는 데에 도움이 많이 될 거야.

2) 느낌을 마음껏 표현해 보기

강아지와 영어로 대화를 해 보자! (쓰기+말하기)

만일 애완동물을 키울 때 애정을 듬뿍 쏟는다면 이러한 점을 영어 공부에도 얼마든지 활용할 수 있단다. 지금 집에 있는 강아지의 일상을 관찰해서 영어로 기록해 본다면 영어 쓰기의 좋은 시작이 될 수 있거든. 다른 친구들이 보기엔 강아지의 하루가 매일 똑같아 보일 수도 있지만 감수성이 예민하고 상상력도 풍부한 낙천적인 굼벵이형이 보기에는 전혀 그렇지 않을 수 있지.

매일 일어난 일들이나 그 당시 느꼈던 자신의 기분에 대해 누군가와 대화하는 내용을 솔직히 적어 보자. 그 대상은 강아지도 좋고 아끼는 인형도 괜찮아. "저보고 영어로 대화를 적어 보라고요? 아~ 벌써부터 재미없어지네…" 하고 지레 겁을 먹거나 영어로 쓰는 것이 부담스럽다면 처음에는 한글로 써도 괜찮아. 그러다가 점차 익숙해지면 영어 쓰기를 시도해도 늦지 않거든.

영어 쓰기를 시작할 결심이 섰다면 감정과 관련된 단어와 표현을 자신의 것으로 만들어 보자. 이렇게 노력하다 보면 벼락치기 대왕인 자신이 꾸준히 영어 쓰기를 하는 걸 깨닫고 매우 뿌듯해질 거야.

중학교 1학년인 지연이는 항상 느긋해서 학교에서는 지각대장으로 유명하다. 친구는 단 한 명, 혜진이하고만 어울리고 다른 친구는 별로 맘에 안 맞는다.

지연이는 초등학교 4학년 때부터 영어 학원에 다니게 되었는데 처음엔 영어 동시통역사인 고모처럼 되겠다며 거창한 계획을 세우고 열심히 공부하는 듯했지만 그것도 일주일 만에 흐지부지되었다. 이제 한 학기만 지나면 중학교 2학년이 되는데 영어에 흥미를 아예 잃어버린 건 아닌지 요즘 엄마는 걱정이 태산 같다.

게다가 본격적인 사춘기에 들어섰는지 요즘엔 걸핏하면 울고 상처도 쉽게 받는 것 같아 부모님 걱정이 날로 커지고 있다. 고민 끝에 아빠는 지연이에게 예쁜 강아지 한 마리를 선물해 주셨다. 지연이는 매일 강아지를 지극 정성으로 돌보고 학교에서 돌아오면 강아지만 찾는다.

혼자 공부하는 것을 좋아하는 지연이는 영어 전반에 걸쳐서 새로운 자극과 공부법의 개선이 필요했는데 요즘 영어 쓰기에 강아지 Maru의 도움을 톡톡히 보고 있다.

지연이는 하루 동안 있었던 일들과 느낀 점들에 대해 강아지 Maru와 대화하면서 이를 영어 쓰기에 활용하고 있어. 다음 예를 같이 살펴볼까?

Secret talks with Maru

형식은 자유롭게 하되 몰랐던 단어나 표현은 밑줄을 긋거나 표시해 놓자.

Date : February 3. 2014

● List of Things that happened today (오늘 있었던 일들)

- My best friend Hyejin lent me her comic books.

- When my math teacher asked me a question, I couldn't answer.

He looked a bit disappointed, saying that the question was an easy

one.

- I had a headache after lunch, and I didn't know why.

- When I got home, there was no one except for Maru. I suddenly

felt lonesome.

● My thoughts/reflections/feelings (나의 생각이나 느낌들)

- I was disappointed because I didn't know the answer in math

class. Even now I feel embarrassed a lot.

- I'm going to enjoy Hyejin's cartoon books in the evening and try

to overcome my current mood.

- Maru's response/behaviors (내 이야기에 대한 Maru의 반응 및 행동)

  When I finished talking to Maru about what happened to me today, he seemed to feel the same way as I did. He stayed with me quietly waving his tail. I think Maru understands me even better than my parents!

- Enjoyable time with Maru (Maru와 함께한 시간)

  - I listened to my favorite pop song with Maru.

  - Maru and I shared donuts.

- New vocabulary (오늘 알게 된 단어 정리)

  - lend : 빌려주다 (lend – lent – lent)

  - disappoint : 실망시키다

    * disappointed : 실망한, 낙담한

  - lonesome : 외로운

  - embarrass : 무안하게 하다

    * embarrassed : 당황한, 쑥스러운

자신의 일상과 느낌을 영어로 쓰는 것에 익숙해지면서 자신이 쓴 것을 큰 소리로 꾸준히 읽어 보면 말하기에도 많은 도움이 될 거야.

음악을 듣고 느낌을 표현해 보자! (쓰기+말하기)

여러 사람 앞에서 영어 말하기를 시키면 걱정이 앞서서 제대로 실력 발휘가 안 된다면 그냥 혼자 영어 말하기를 공부해도 좋아.

자, 다음 내용을 읽고 자신만의 방법을 찾아보자.

중학교 1학년인 재선이는 음악에 관심이 많은 부모님 덕분에 어려서부터 다양한 음악을 들으면서 자랐다. 그래서인지 재선이는 음악을 들은 후 느낌을 글이나 말로 표현하는 것에 익숙하다.

하지만 자신의 느낌을 막상 영어로 적어야 된다고 생각하니 금방 포기하고 싶어졌다. 시간이 지나도 재선이가 음악을 듣고 한글로 표현하는 데에만 머물러 있는 것 같아 엄마 마음도 조급해졌지만, 행동이 느리고 매사 느긋한 재선이를 재촉하지 않도록 최대한 자제하며 기다려 주었다. 엄마는 곁에서 재촉하거나 잔소리하면 더욱 위축되는 재선이의 성격을 충분히 이해하고 있었기 때문이다.

우선 감정과 관련된 영어 단어를 찾아보고 외우면서 재선이는 점차 간단하게나마 자신이 음악을 듣고 느낀 바를 영어로 표현하기 시작했다. 엄마는 재선이의 성격을 인정해 주고 관심 있는 부분을 영어 공부법에 활용하는 것이 가장 좋은 영어 공부법임을 일찌감치 깨달았던 것이다.

재선이처럼 음악을 좋아하고 예술적인 감각이 있다면 음악을 듣고 자신의 느낌을 짧게나마 영어로도 써 보고 혼자 큰 소리로 읽어 보자. 어떤 음악이든 상관없어. 처음에는 그냥 느낀 점을 두세 단어나 간단한 문장이나마 영어로 표현해 보는 거야.

예를 들어, 신나는 팝송을 듣고 나서 처음에는 'I feel excited!' 'I want to dance now!' 등의 간단한 표현에서 시작하여, 'The song reminds me of my grandpa who passed away last year.' 등 좀 더 자세히 적어 보도록 하자.

느낀 것을 자유롭게 영어로 표현하는 거니까 거창할 필요는 없단다. 잠깐! 만일 영어로 쓴 자신의 느낌을 그림으로 다시 표현해 본다면 아마 오래 기억에 남는 재미있는 영어 활동이 될 거야.

유아용 그림책을 활용해서 느낌을 표현해 보자! (쓰기+말하기)

"전 음악적 재능도 없고 음악을 들어도 아무 느낌이 안 드는데 어쩌죠?"라고 말하는 친구들도 있을 거야. 그렇다면 영어 그림책을 활용해 보자. 자, 켈리 쌤만 믿고 따라와 봐!

먼저 그림책 각 장의 주요 내용을 따로 종이에 간단히 영어로 메모해 보자. 이번에는 책 내용을 종이로 가리고 좀전에 자신이 적어둔 메모와 그림만을 토대로 영어로 다시 말해 보는 거야.

잠깐, 여기서 한 가지 더! 영어 말하기 연습을 하고 난 후 '등장인물들이 각 장면에서 어떤 기분이었을까'에 대해서도 좀 더 깊이 생각해 보고 이를 영어로 써 본다면 영어 쓰기와 말하기를 동시에 향상시킬 수 있을 거야.

David Goes to School

David Shannon(Blue Sky Press ; First edition, 1999)

■ 좀 더 깊이 생각해 보기 : How would David feel when he heard his teacher say 'no' about his teasing his friends?

(선생님이 친구들을 괴롭히는 것에 대해 '안 돼'라고 말했을 때 David는 어떤 기분이었을까요?)

_____

_____

_____

다음 책은 글씨가 전혀 없이 그림만으로 구성되어 있어. 각 장의 그림들을 보고 느낀 점을 영어로 자유롭게 써 보고 영어 말하기로도 활용해 보자!

A Ball for Daisy
Chris Raschka(Schwartz & Wade; First edition, 2011)

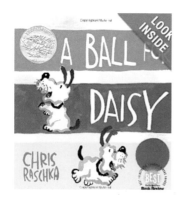

이 책은 다른 사람들이 소중히 여기는 물건에 대해 배려하는 것의 중요성을 강아지 Daisy의 경험을 통해 알려 주고 있단다. 그림만으로도 Daisy의 감정을 충분히 이해할 수 있어서 각 장의 그림을 보고 느낀 점과 생각을 자유롭게 표현할 수 있을 거야.

3) 친한 친구들과 경험담 나누기 (듣기+쓰기+말하기)

여기서 잠깐! 영어를 잘하기 위해 당장 개나 고양이를 사서 길러야만 하는 건 아니야. 또한 재선이처럼 무작정 음악을 듣고 반드시 그 느낌을 영어로 표현해 보아야 하는 것도 아니지. 어떤 방법이

내게 가장 잘 맞는지 자신에게 끊임없이 물어보아야 한단다.

남들이 선택한 공부법을 무조건 따라하는 건, 마치 자신의 발에 맞지도 않는 멋진 신발을 억지로 신고 다니느라 발이 퉁퉁 붓는 것과 같은 어리석은 일이지. 스스로에게 가장 잘 맞는 방법을 찾기 위해 계속 다양한 시도를 해 본다면 자신만의 영어 공부법을 터득할 날이 곧 올 거야.

만일 친한 친구들끼리 영어 실력이 비슷하거나 모두 영어에 관심이 있다면 가끔 함께 모여 다음의 영어 말하기 연습을 해 보는 건 어떨까? 다음은 친구들의 경험담을 영어로 듣고 나서 그 내용을 직접 다시 이야기해 보는 활동이야(Retelling personal stories).

자, 아래 말하기 소재 중, 친구들과 나누고 싶은 주제를 정해서 말하기 활동에 활용해 보자.

- funny experiences in your childhood

- a lucky escape

- an embarrassing moment

- a romantic day

- your best day ever

- any traveling experiences

그날 차례가 된 친구가 집에서 미리 자신의 경험담을 영어로 적어 와서 발표하는 동안 나머지 친구들은 발표하는 친구의 이야기를 간단히 요약해 보자. 그 다음 차례대로 돌아가며 각자 메모한 친구의 이야기를 발표하면 된단다.

자신의 표현으로 다시 바꿔서 말해야 하기 때문에 처음엔 그리 쉽지 않을 거야. 하지만 친구가 말한 내용을 설사 엉뚱한 내용으로 바꾸었다 하더라도 친구들과 함께 깔깔 웃다 보면 부담 없이 재미있게 말하기 연습을 하게 될 거야.

엄마 보세요~

엄마는 이 유형의 아이들이 그룹으로 공부하더라도 친한 친구들과 하기를 원한다는 것을 인정해 주어야 합니다.

하지만 대부분 친한 친구들과 영어 공부를 할 수 있는 경우는 드물지요. 아이들의 영어 실력이 서로 다를 뿐만 아니라 공부 방식의 차이도 있기 때문인데요, 서로 여건이 맞지 않아 아이 혼자 공부할 경우에는 아이가 원하는 주제의 영어책을 읽고, 그날 읽은 내용 중 모르는 단어의 뜻은 스스로 이해하도록 믿고 격려해 주세요.

이 유형의 아이들은 계획을 짜고 목표를 향해 매진하는 추진력이 부족해 보여 부모님 속을 많이 태우기도 합니다. 옆 집 아이들은 앞질러 나가는데 우리 아이만 천하태평인 것 같아 속상하실 거예요.

하지만 낙천적인 굼벵이들은 스스로 관심 있는 분야라면 시키지 않아도 끝까지 파고들어 열심히 해내는 집중력과 책임감을 가지고 있어요. 만일 엄마가 조급한 마음에 다른 아이들이 좋아하는 영어 책을 던져주고 '단어는 하루에 반드시 50개 암기, 문법 한 단원 연습문제 모두 풀고 잘 것' 등의 규칙을 정해 놓고 옆에서 감시하면 낙천적인 굼벵이들은 더욱 영어 공부를 견디기 힘들어할 거예요.

4) 여행 일지 쓰기

혼자 게임을 할 때도 온갖 상상력을 동원하여 마치 친구가 옆에 있는 것처럼 얘기하면서 할 때가 있지 않니? 방에 혼자 누워 있었는데 엄마는 무슨 전화를 그렇게 오래 하냐고 꾸중하실 때도 있지 않아? 그 이유는 말이야~ 낙천적인 굼벵이형은 혼자 공상을 하면서 상상 속의 인물이나 동물 등과 대화하는 것을 매우 좋아하기 때문이란다.

이제 각자 가고 싶은 곳으로 여행을 떠나볼까? 너희들의 무한한 상상력을 마음껏 표현해 보는 거야. 다음의 영어 쓰기 활동을 한번 참고해 보자!

Take Me Somewhere, Genie!
(나를 어디론가 데려가 줘, 지니!)

1. 엄마한테 혼나거나 기분이 울적할 때 잠시 다녀오고 싶은 곳이 있니? 그럼 주문을 외워 봐! Abracadabra! 그 다음엔 그곳에 가고 싶은 이유를 한 가지만 적어 보자.

_____

_____

2. 그곳에 가볼 만한 곳이 어디 있는지, 음식은 어디가 맛있는지 등 다양한 정보를 찾아 간단히 메모해 보자. 이때 한글로 된 자료보다는 영어로 쓰인 자료를 찾아봐야겠지? 노트 한 권을 준비하여 관련 사진을 스크랩하고 노트에도 적어 본다면 훌륭한 나만의 여행 정보자료가 될 거야.
   (이 활동은 자신에게 필요한 정보를 정확히 얻는 능력을 길러 줄 뿐 아니라, 영어를 단순히 베끼더라도 계속 하다 보면 전반적인 쓰기 능력 향상에 귀중한 토대가 될 수 있어.)

_____

_____

_____

3. 이 지역에서의 하루 일과를 영어로 적어 보자.

_____

_____

_____

4. 우리나라에서 사는 것보다 더 좋은 점과 좋지 않은 점들을 각각 3가지씩

   적어 보자.

   Good Aspects :

   - _____

   - _____

   - _____

   Bad Aspects :

   - _____

   - _____

   - _____

다음은 중학교 3학년인 진주의 쓰기 활동인데 참고해 보자.

Take Me to Egypt, Genie!
(나를 이집트로 데려가 줘, 지니!)

<Answers>

1. I would like to stay in Egypt because there are lots of relics such as the Sphinx and the Great Pyramid.(가고 싶은 이유)

2. Research based on the Internet

   (인터넷을 활용하여 날씨, 음식, 가볼 만한 곳 찾기)

   → 노트에 따로 스크랩

3. Wake up at 7:00 and visit the Sphinx after breakfast and take pictures → Lunch at home at 1:00 and take a nap for one hour → Develop the pictures taken at the Sphinx and go to downtown to have a group study(archeology) with friends → Have dinner with friends at home(하루 일과 적기)

4. Pros & Cons to live in Egypt

   (이집트에서 사는 것의 장점과 단점 각 3가지씩 적기)

Good Aspects :

- I can visit my favorite historic places of ancient Egypt whenever I want.
- I don't have to prepare for college entrance exams.
- I can learn to speak Egyptian, which could make it easier for me to be a tour guide.

Bad Aspects :

- The weather is too hot.
- I think Korean boys have better looking than Egyptian boys.
- The food may not fit to me.

잠깐! 여기서 한 걸음 더 나아가 Genie가 데려다 준 곳의 경제, 문화, 교육 등에도 관심을 가지고 다양한 주제를 영어 쓰기에 활용한다면 폭넓은 영어 쓰기 연습으로 활용할 수 있을 거야.

이 밖에도 영어 쓰기 공부로 펜팔(Pen pal)을 활용할 수 있어. 펜팔은 친구와의 관계를 소중히 여기고 수줍음도 잘 타는 낙천적인 굼벵이형이 좀 더 편안한 분위기에서 영어 쓰기 실력을 향상시킬 수 있는 좋은 방법이거든.

5) 영어를 그냥 듣고 즐기기 (듣기+말하기)

재미있게 영어 듣기 공부를 하는 방법 중에 가장 널리 알려진 건 역시 팝송을 활용하는 거야. 이 방법은 재미있게 영어 듣기를 공부하는 데에 가장 널리 활용되고 있어.

요즘에는 특히 인터넷을 통해 더욱 다양한 음악을 들을 수 있고 가사도 쉽게 구할 수 있게 되었지. 물론 팝송보다는 K-POP(한국가요)에 더 열광하는 아이들도 많지만, 그래도 가장 마음에 드는 팝송을 골라 가사를 이해하면서 자주 들어보자. 무슨 말인지도 모른 채 무턱대고 흥얼거리는 것보다 가사를 이해한 후 들으면 꾸준한 영어 듣기 공부에 많은 도움이 될 거야.

반드시 영어 듣기 공부를 위해 문제집을 풀어보고 CNN을 들으며 억지로 받아쓰기를 할 필요는 없단다. 영어를 듣고 답을 풀어 보고 빈칸을 채우는 것만 듣기 공부는 아니거든.

혹시 팝송을 활용한 영어 듣기 연습이 익숙하지 않다면 그냥 동화 이야기를 들어보고 함께 따라서 소리 내어 읽어 보자. 분명 듣기 공부에 도움이 되거든.

자, 켈리 쌤이 추천하는 다음 책의 CD를 들으며 이야기의 세계로 빠져 볼까? 단, CD를 그냥 '듣는' 게 아니라 처음엔 책을 눈으로 따라 읽거나 소리 내어 같이 읽어 봐야 해. 어떤 내용인지 이해하고 모르는 단어도 익숙해졌다면, 마지막으로 CD만 들어보고 어떤 내용인지 생각해 보는 연습을 하면 된단다.

Nelson Mandela's Favorite African Folktales
Nelson Mandela(W. W. Norton & Company ; Reprint edition, 2007)

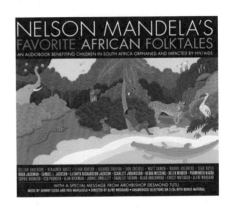

이 책은 아프리카의 여러 이야기를 모아 엮었는데 각각의 이야기가 길지 않아 그리 부담되지 않을 거야. 영어로 들을 때는 특정 단어가 어떻게 발음되는지, 읽는 사람이 어디에서 잠시 멈추는지, 어느 부분을 좀 더 천천히 강조해서 읽는지 귀를 기울여서 들어보자.

이 책의 재미 있는 점은, 이야기를 읽어 주는 사람들 중에 유명한 미국 할리우드 배우들도 많이 포함되어 있다는 거야. 이야기를 들으며 각 이야기가 누구의 목소리로 읽히는지 추측해 보자.

The One and Only Ivan
Katherine Applegate(HarperCollins ; 1 edition, 2012)

재미있으면서도 코끝을 찡하게 해 주는 이 책은 쇼핑몰에서 사람들을 위해 전시용으로 살아가는 고릴라 Ivan 이야기야. 고릴라 Ivan이 사람들과 세상에 대해서 자신의 생각과 동물 친구들의 이야기를 풀어 나가기 때문에 문장이 짧고 단어가 그리 어렵지 않단다. 큰 소리로 읽어 보고 받아쓰기 연습으로도 활용해 보자.

6) 재미있는 영화 골라보기(듣기 + 쓰기 + 말하기)

만일 자신이 글이나 말로 표현하는 것보다 머릿속으로 상상하는 걸 더 즐긴다면 좋아하는 영화를 보고 뛰어난 상상력을 동원해 보는 건 어떨까? 단, 영화를 활용할 때는 다음 두 가지 사항을 주의하자.

각자 실력에 따라 자막을 적절히 사용하는 것이 좋은데 켈리 쌤은 '한글 자막 ⇨ 영어 자막 ⇨ 자막 없이 시청' 하는 단계를 추천한단다. 혹시 "전 모든 대사를 완벽히 이해하고 있어요. 자막 없이 들어

볼래요"라고 한다면 그렇게 하렴. 하지만 아무리 단어를 많이 알고 모든 대사를 완벽히 이해한다고 해도 완전히 이해할 때까지는 영어 자막과 함께 시청하면 좀 더 정확하게 대사를 이해할 수 있단다. 왜냐하면 혹시 잘 이해가 되지 않는데도 대화가 빨리 지나가 버려 그냥 지나치는 경우가 많거든. 하지만 자막이 있으면 잘못 들은 말들은 재빨리 자막을 읽고 바로 이해하려고 애쓰게 되지. 이런 연습은 독해력 향상에도 많은 도움이 된단다.

영화 리뷰는 처음부터 길게 적을 필요는 없어. 한두 가지 질문에 대해 간단히 적는 것부터 부담 없이 시작해 보자!

중학교 3학년인 연주가 'Life of Pi'를 본 후 작성한 영화 리뷰를 한번 살펴볼까?

Movie Review : Life of Pi(2003)

■ What character(s) do you most identify with? What are the main personality traits of this (these) character(s)?
(어느 인물(들)에게 가장 공감을 느끼나요? 이 인물(들)의 성격은 무엇인가요?)

⇨ I really identified with Pi. He has a strong will to survive. His toughness and courage were very impressive when he was staying with the tiger, Richard Parker.

■ In your opinion, what was the director's intention or message?

(이 영화의 감독이 전달하고자 하는 메시지가 무엇일까요?)

⇨ Overall, I enjoyed this movie. However, the intense peril of the animals killing each other was a bit too much for me. I don't think it is just an epic journey of adventure. It seems that Ang Lee tries to deliver the idea that our lives turn out to be the way we believe. Actually, of the two tales that Pi mentioned, I wonder which tale is true yet. The second story of people killing each other was too cruel though.

■ Finally, give the movie a "thumbs up" or "thumbs down."

(이 영화는 전반적으로 성공적이었나요? 아니면 실패했나요?)

⇨ Obviously, Life of Pi gets the thumbs up.

이 질문에 대한 답을 적어 본 다음 소리 내어 읽어 보자. 자꾸 읽다 보면 영어로 말하는 것에 대한 두려움을 줄일 수 있거든.

연주의 리뷰를 읽고 나서, "전 도저히 이렇게는 못 써요. 어떡해요…" 하고 걱정하지 말고, 한 단어나 한 문장이라도 우선 시작해 보자.

다음은 영화 감상에 대한 글쓰기 양식이야. 영화를 보기 전과 보는 동안, 그리고 본 후에 생각해 볼 질문들이지. 자신의 영어 실력과 성향에 맞게 알맞게 변경해서 활용해 보자.

Movie Review Worksheet

Complete this worksheet to assist with writing your film review.

Before the movie (영화를 보기 전)

1. What is name of the movie? (영화 제목은?)

_____

2. Who directed it? (영화 감독 이름은?)

_____

During the movie (영화를 보는 동안)

1. Write the important characters as they appear.

(중요한 인물들을 모두 적어 보세요.)

2. Make a simple note of important events as they happen.

(중요한 사건들은 간단히 적어 보세요.)

After the movie (영화를 다 보고 나서)

1. Write a short summary of the movie.

(영화 내용을 간략하게 요약해 보세요.)

2. Who is main the audience of the movie?

   (영화의 주요 관객은 누구인가요?)

   _____

3. What did you learn from it?

   (영화를 보고 어떤 점을 배웠나요?)

   _____

   _____

   _____

4. Describe a scene or part of the movie you liked.

   (자신이 좋아했던 장면이나 부분을 적어 보세요.)

   _____

   _____

5. Describe a scene or part of the movie you didn' t like.

   (자신이 좋아하지 않았던 장면이나 부분을 적어 보세요.)

   _____

   _____

6. Overall, did you like this movie? Why or why not?

(전반적으로 이 영화가 맘에 드나요? 자신의 대답에 대한 이유도 적어 보세요.)

_____

_____

_____

7. Give this movie a rating out of 10.

(이 영화는 10점 만점에 몇 점인지 점수를 매겨 보세요.)

_____

_____

엄마 보세요~

영상물을 선택할 때 주의할 점이 있어요. 우선 아이의 영어 수준이 그 영상물을 이해할 수 있는지 냉정하게 판단해야 합니다. 또한 영상물을 시청할 때는 아이 혼자 방에서 보는 것보다 다른 가족들과 함께 시청할 수 있도록 거실에서 보도록 해 주세요.

7) 화상 영어 활용하기

 낙천적인 굼벵이형을 위한 또 다른 말하기 공부법은 화상 영어를 활용하는 거란다. 화상 영어는 선생님과의 수업이 말 그대로 컴퓨터 화면으로만 이루어지기 때문에 영어 말하기에 대한 부담을 좀 덜 받게 되거든. 물론 처음에는 좀 어색하고 방법도 익숙하지 않아 적응하는 데 시간이 걸릴 수도 있어. 하지만 선생님과의 수업에 어느 정도 익숙해지면 점차 적극적으로 하게 될 거야.

 주변 친구들 중에 전화 영어를 활용하는 아이들이 있지? 하루 동안 스스로 공부한 부분에 대해 한 번 더 말하기를 통해 확인해 보는 차원이라면 좋은 효과를 기대할 수 있단다. 하지만 하루에 단 10여 분간의 전화 영어로 영어 말하기 실력이 크게 향상될 것을 기대하는 것은 무리가 있어.

 따라서 자신이 하루 동안 얼마만큼 공부하는지 우선 정확하게 판단해 보고 스스로에게 맞는 말하기 방법을 선택하는 것이 최선이겠지? 만일 화상 영어를 활용하기로 결심했다면 주의할 점을 미리 살펴보자.

 우선, 화상 영어 수업을 처음 시작한다면 부모님이나 주변 사람들의 도움을 받아서 담당 선생님의 경력, 수업 내용 등을 주의 깊게 살펴봐야 해. 또한 다른 화상 영어 사이트와도 꼼꼼히 비교해 본다면 자신에게 어떤 수업이 더 맞는지 좀 더 정확히 알 수 있을 거야. 단지 많은 효과를 봤다는 친구의 말이나 화려한 광고만 믿고 덜컥 등록해 버리지 않도록 조심하자.

엄마 보세요~

낙천적인 굼벵이형에게 주변의 엄친아, 엄친딸, 혹은 영어를 잘했던 엄마 아빠의 과거 공부법을 무작정 강요하면 오히려 부작용이 클 수 있으니 각별히 조심해야 해요. 낙천적인 굼벵이형은 마음이 여리고 부모님의 칭찬에 유독 민감하기 때문이지요.

이 유형의 아이들은 자신의 공부법이 자리잡을 때까지 선생님이나 부모님으로부터 확실한 동기부여와 지도를 받는 것이 중요합니다. 공부법뿐만 아니라 아이 성향에 대해 많이 고민해 보고 영어 선생님들과도 정보를 교환하면서 아이가 자신에게 맞는 영어 공부법을 찾도록 도와주고 격려해 주어야 합니다.

이때 가장 중요한 점은 아이가 사랑과 관심을 받고 있음을 끊임없이 알려 주는 것이에요. 이 유형의 아이들은 부모나 교사의 관심이 지나칠 때는 벗어나려고 애를 쓰다가도 막상 관심을 덜 받는 것 같으면 겉으로는 아무렇지 않은 척해도 마음속으로는 상처를 받거든요. 격려와 칭찬은 이 아이들에게 언제나 가장 큰 힘이 된다는 것을 잊지 마세요.

이 유형의 아이들은 반복적인 잔소리도 유독 싫어하지요. 따라서 영어 공부를 할 때도 조급한 맘에 엄마 아빠가 자꾸 개입하면 오히려 아이들의 거부감이 커질 수 있어요. 부모님은 아이들을 믿어 주고 필요할 때만 도움을 주시는 것이 좋습니다.

잠깐 쉬어가자!

켈리 쌤의 미국 이야기 2

현재 미국 중학생들에게 큰 인기를 얻고 있는 SNS(Social Networking Service)는 Instagram(인스타그램)과 SnapChat이야. 얼마 전만 해도 Facebook이 단연 1위였는데, 미국 중학생들이 자신의 Facebook에 올리는 사진이나 글을 부모님과 선생님들이 보는 것이 싫어서 다른 SNS으로 옮겨가는 추세래. 그래서 요즘엔 Twitter와 Instagram을 함께 사용하는 아이들이 더 많아졌지.

영어 숙제는 일단 친구들과 놀고 나서 해야지!

즐거운 덜렁이형은 활달하고 매사 적극적이야. 학교의 각종 행사에서 끼를 마구 발산하기도 하고 친구들을 항상 즐겁게 해 주기 때문에 인기도 많지.

하지만 다소 산만하고 끝마무리를 확실히 하지 않는 점 때문에 부모님께 종종 꾸중을 듣기도 할 거야.

재치가 넘치고 친구들과 어울리기를 좋아하는 즐거운 덜렁이형은 용돈을 주면 친구들과 어울려 군것질 사먹는 데 금방 써버리기도 하고 기분이 좋으면 가끔 과잉 행동을 보이기도 한단다.

수업시간에는 멍하게 생각에 빠져 있거나 옆 친구와 얘기하다가 선생님께 꾸중을 들을 때도 많을 거야. 왜냐하면 즐거운 덜렁이형은 입을 가만히 다물고 있기가 좀처럼 힘들거든. 자, 이렇게 개성만점인 즐거운 덜렁이형이 재미있게 영어를 공부하는 방법을 켈리쌤과 함께 찾아볼까?

1) 흥미로운 읽기 자료 속으로 풍덩 빠져보기 (읽기+듣기+말하기)

오늘 서점에 가서 혼자 공부하기에 편한 교재를 직접 선택해 보자. 즐거운 덜렁이형은 과외나 학원 선생님들이 정해 주는 따분한 교재는 금방 싫증을 내거든. 잠깐! 그렇다고 지금 다니고 있는 학원 교재를 당장 쳐다보지도 말라는 얘기는 아니야.

우선, 현재 다니고 있는 영어 학원이나 과외수업이 자신에게 잘 맞고 반드시 필요한지 부모님과도 의논해 보고 혼자서도 진지하게 고민해 봐야 해. 만일 학원 수업이 지금 꼭 필요하다고 판단되면 학원 공부도 열심히 해야겠지? 지금 우리가 함께 찾아봐야 하는 것은 혼자서 해도 영어 실력이 쑥쑥 향상되는 자신만의 영어 공부법이야.

"선생님, 전 학원 숙제를 정말 열심히 해 가고 단어도 안 외워 간 적이 없는데 왜 영어 성적은 안 올라요?" 만일 이런 의문이 든다면 영어 숙제를 할 때 오만상을 찌푸리고 억지로 할 때가 많지 않았는지 곰곰 생각해 보렴. 아마도 스스로 영어 공부를 할 때 전혀 재미를 느끼지 못하고 영어 성적도 오르지 않았을 거야.

지금 공부하고 있는 영어 교재에 싫증이 난다면 관심 있는 주제를 인터넷으로 검색해 보고 이를 교재로 활용해 보는 건 어떨까? 좋아하는 가수에 대한 영어 기사를 인터넷으로 검색해 보자. 영어로 읽는 것이 도무지 이해가 가지 않더라도 모르는 단어에 표시만 하면서 읽어 보는 거야. 좋아하는 가수이기 때문에 이미 아는 기사 내용일 수 있어서 보다 쉽게 추측하며 읽을 수가 있거든.

또는 키즈타임즈(The KIDS Times)나 틴타임즈(The TEEN Times) 사이트를 정기적으로 방문해 보는 것도 좋은 방법이야. 만일 전 세계 또래 아이들이 어떤 것에 관심이 있는지 좀 더 한눈에 확인하고 싶다면 영국의 BBC 뉴스 사이트 중 어린이와 청소년들을 대상으로 한 CBBC(http://www.bbc.co.uk/cbbc)를 활용해 보자.

CBBC 사이트

"혹시 어린애들을 위한 것 아니에요? 좀 유치할 것 같은데…"라는 의심이 들더라도 관심 있는 내용을 찾아서 한번 살펴보자.

실제로 영어권 아이들이 자주 쓰는 회화 표현이 있기 때문에 생각보다 쉽지 않을 수도 있거든. 이 사이트에는 읽기 자료뿐만 아니라 다양한 주제에 대한 동영상이나 게임도 접할 수 있어서 자신도 모르는 사이에 영어 공부를 재미있게 할 수 있을 거야.

어린이와 청소년을 위한 신문들도 다양한 흥밋거리를 다루고 있지.

또한 시사 관련 주제를 다루더라도 이해하기 쉬운 단어나 표현을 쓰기 때문에 일반 어른들을 대상으로 한 영자신문보다 쉽게 읽을 수 있을 거야. 혹시 어린이 영자신문이 너무 쉽게 느껴진다면 그냥 눈으로 읽지만 말고 큰 소리로 읽고 외워 보자. 여기서 더 나아가 관련 주제에 대한 자기 의견을 자연스럽게 말할 수 있도록 지속적으로 연습한다면 영어 실력이 어느덧 쑥쑥 향상되어 있을 거야.

Diary of a Wimpy Kid

Book   DVD

서점에 가면 너희가 좋아할 만한 재미있는 원서들이 많이 나와 있단다. 특히 켈리 쌤이 추천하는 책은 'Diary of a Wimpy Kid by Jeff Kinney(Harry N. Abrams)' 시리즈야. 이 책은 우리나라에도 번역되어 이미 많이 알려져 있어서 읽어 본 친구들도 꽤 많이 있을 텐데,

미국의 평범한 또래 친구의 일상생활을 익살맞은 그림과 함께 재미
있게 엮어 놓았단다. 책부터 읽으면서 단어나 표현을 어느 정도
익힌 다음 영화를 본다면 영어 듣기와 말하기 연습에 더 효과적일
거야.

잠깐! 평소 즐겨 보던 만화를 영어로 다시 읽어 보는 건 어떨까?

One Piece (Vol. 1)
Eiichiro Oda(VIZ Media LLC, 2003)

Azumanga Daioh (Vol. 1)
ADV Manga(English Ed edition, 2003)

이 만화는 우리말로 된 시리즈를 다 읽은 아이들도 많을 거야. 그
런데 영어로도 한 번 더 읽어 보면 어때? 만화책 시리즈를 영어로
읽다 보면 반복되는 표현이 많기 때문에 금방 익숙해지고 분명

영어책 읽기에 대한 자신감도 더 커지게 될 거야. 영어 원서를 읽는 것이 부담된다면 자기가 좋아하는 만화 시리즈를 영어로 읽어 볼 것을 추천해. 분명 영어 읽기 실력을 향상시킬 수 있으니 켈리 쌤을 믿어 봐!

엄마 보세요~

혹시 아이가 "난 아무 교재도 원치 않거든요?" "인터넷에서 영어로 된 자료를 찾으라구요? 에이~ 재미없어…"라고 하면 어떻게 할까요? 설사 아이가 처음에 이런 태도를 보이더라도 무섭게 혼내지 말고 도를 닦는 기분으로 흥미 유발 단계부터 차근차근 시작해야 해요.

가뜩이나 영어라면 지겨워하는 아이에게 갑자기 인터넷으로 영어 읽기 공부를 하라고 한다면 아이는 아무 반응도 안 보이거나 짜증만 낼 수 있어요. 아이에게 말로만 시키지 마시고 엄마도 아이가 관심 있는 분야를 인터넷으로 검색해 보고 아이가 흥미를 보일 만한 내용을 출력해서 보여 주거나 서로 이야기를 나눠 보세요.

영어 자료를 함께 찾는 것뿐만 아니라 잠시 짬을 내어 아이와 함께 영어 마을을 가 보는 건 어떨까요? 직장이나 일상에 지쳐 피곤하더라도 영어 공부의 필요성을 전혀 알지 못한 채 영어 학원과 수많은 교재들 속에서 허우적대는 우리 아이가 영어 공부의 필요성부터 느끼도록 도와주세요.

"한창 사춘기인 아이들을 데리고 영어 마을이라니요…. 애들도 싫어할 뿐 아니라 영어 학원엔 절대 빠질 수 없죠."

하지만 영어 마을에 아이와 함께 가 보는 것은 아이가 '힘겹고 재미 없는 영어'로부터 잠시 탈출하여 그냥 편안하게 외국에 여행간 느낌을 받도록 하는 데에 있습니다. 아이를 간신히 설득하여 영어 마을에 가서도 만일 엄마가 "야~ 애기들도 다 하는 간단한 영어도 못하냐~. 그동안 과외 숙제 잘 안해서 그렇지!"라고 말한다면 그 부작용은 이루 말할 수 없을 테지요.

자연스럽게 영어의 필요성을 상기시켜 준다면 아이도 분명 깨닫는 점이 있을 거예요. 점차 동기부여가 된다면 그 이후부터는 굳이 시키지 않아도 아이들 스스로 공부하게 됩니다.

출처 : 맛있는 간식을 영어로 만들어 보기 (BBC 어린이 영어학습 사이트 (캠브리지 ESOL 공식시험센터 국제언어평가원) |작성자 blessed0321
http://www.bbc.co.uk/cbeebies/
출처 : BBC 어린이 영어학습 사이트 (캠브리지 ESOL 공식시험센터 국제언어평가원) |작성자 blessed0321

2) 영어로 요리해 보기 (쓰기+듣기+말하기)

즐거운 덜렁이형은 언제나 재미있는 것을 찾아다니지. 만일 이 유형의 아이들에게 한두 시간 동안 문제집에 나온 영작을 하도록 시킨다면 아마도 당장 밖으로 뛰쳐나가면서 소리칠 거야.
"다신 영어 안 해!!"

평소에 즐겨 먹는 음식의 조리법을 영어로 써 보는 건 어떨까? 쉬운 재료라도 영어로 써 본다면 미처 몰랐던 단어를 많이 알게 되거든. 반드시 거창한 요리가 아니어도 좋아. 친구들과 영어만 사용한다는 규칙을 정하고 조리법을 영어로 적어 본 다음, 직접 음식을 만들어 보고 사진이나 동영상도 찍어 보자.
몰랐던 영어 재료명은 음식을 만들기 전에 그림 사전을 활용하여 미리 찾아보면 영어로 조리법을 적을 때 좀 더 수월하겠지? 영어 그림 사전이 아직 없다면 어느 것이든 자신에게 맞는 것으로 하나쯤 미리 준비해 두도록 하자.
다음은 그림 사전 중 하나인 옥스퍼드 그림 사전이야. 영어뿐만 아니라 한국어 뜻도 함께 실려 있어서 신속하게 의미를 이해하는 데 도움이 많이 될 거야.

Oxford Picture Dictionary

(English/Korean)

잠깐! 여기서 주의할 점은 단어를 찾아보느라 시간을 너무 많이 뺏기지 않아야 한다는 점이야.

만일 요리를 하기 전에 영어 단어 찾는 시간이 너무 길어지면 요리하는 시간이 아니라 영어 공부하는 시간으로 생각되어 금방 지루하게 느껴질 수 있거든. 단어 찾기는 되도록 신속하게 하되, 대신 모르는 재료명은 반드시 직접 적어 보도록 하자.

요리할 때는 자신의 영어 실력에 맞는 요리법을 선택하는 것도 중요하단다. 예를 들어, 영어 표현은 자신의 실력보다 쉽지만 음식을 만드는 과정 자체가 너무 어렵고 복잡하다면 이는 결국 영어와는 상관없는 요리 수업이 되고 말거든.

따라서 자신이 좋아하면서도 만들기 쉬운 음식을 선택하는 것이 중요하겠지? 다음은 중학교 3학년인 재형이와 친구들이 만든 음식 요리법이니 한번 참고해 보자.

Let's Make A Rice Ball!(주먹밥 만들기)

미리 알아야 할 단어

salty(소금이 든, 짭짤한), salmon(연어),
tuna(참치), sesame(참깨), laver(김),
sprinkle(뿌리다), palm(손바닥),
strip(줄무늬)

Ingredients(재료)

● cooked rice

● filling - salty grilled salmon, tuna fish mixed with mayonnaise
  sauce, salt, black sesame

● laver

Method of preparing rice balls(요리 방법)

1. Prepare some water in a bowl. Wet your hands in the water and
   sprinkle a little of salt on the palms. (볼에 물을 약간 준비한다. 물을
   손에 묻히고 손바닥에 소금을 약간 뿌린다.)

2. While the rice is warm, place a handful of rice on the palms.
   (밥이 뜨거울 때, 손바닥에 약간의 밥을 올려놓는다.)

3. Place the filling (salmon and tuna mixed with mayonnaise) - in the center of rice and form rice in a ball shape. Make sure the filling comes inside of the rice ball. (밥에 속을 넣고 (마요네즈에 연어와 참치를 섞은 것) 밥을 공 모양으로 만들어 준다. 밥 안에 속이 확실히 들어 있도록 한다.)

4. Roll the rice balls with black sesame. (밥을 검은깨에 굴려 준다.)

5. Cut the laver in strip. Wrap around the rice balls with the laver strip. (김을 길게 자른다. 김을 주먹밥 주변에 둘러 준다.)

Let's Make Topokki!(떡볶이 만들기)

미리 알아야 할 단어

seasoning(양념), red pepper paste(고추장), soy paste(된장), fish cake(어묵), sesame seed oil(참기름), garlic(마늘), stir(휘젓다), boil(끓이다)

Ingredients(재료)
- sliced rice cakes
- fish cakes

- 1/4 onion

- 1/2 carrot

- seasoning : red pepper, soy paste mixed with red peppers, sesame seed oil, soy sauce, green onion, minced garlic, brown sugar, sesame seeds

Method of preparing Topokki(요리 방법)

1. Mix all the seasonings in a bowl to make a sauce. (양념을 섞어서 소스를 만든다.)

2. Cut onions, green onions, and carrots. (양파, 파, 당근을 썰어 놓는다.)

3. Boil sliced rice cakes slightly. (떡볶이 떡을 살짝 끓여 준다.)

4. Boil the sauce in a pan. When seasoning starts to boil, add onion, carrot, and fish cakes. (소스를 팬에 넣고 끓여 준다. 양념이 끓기 시작하면 양파, 당근, 어묵을 넣는다.)

5. Keep stirring to mix until all the ingredients are cooked and the sauce gets creamy. (재료들이 익고 소스가 걸쭉해질 때까지 계속 저어 준다.)

6. If you want, add in some boiled eggs. (원하면 삶은 계란을 넣어 준다.)

"영어로 뭘 만든다고? 야야, 관둬라 관둬~ 부엌이 엉망이 될 텐데, 엄마 귀찮아!"

영어로 요리법을 직접 적어 보고 요리해 보는 것은 일단 아이의 흥미를 유발하는 것에 목적이 있기 때문에 치우는 것이 좀 힘들더라도 적극적으로 도와주세요. 요리 과정을 동영상으로 찍어 주면 아이도 처음엔 멋쩍어 하다가 곧 좋아할 거예요.

단, 녹화 내용을 볼 때는 최대한 편안한 분위기를 만들어 주세요. "당근 발음이 좀 이상하네", "말을 왜 그렇게 더듬거리냐" 등의 지적은 무심코 한 말이라도 아이의 영어에 대한 자신감을 오히려 낮출 수 있기 때문에 좋지 않은 영향을 미치게 되지요.

영어로 요리하기 이외에 아이가 그날 새로 알게 된 단어나 표현, 문장 등을 거실 유리 창문에 적어 보도록 하는 건 어떨까요? 수성 크레용이나 수성 펜을 다양한 색깔로 준비하고 그날 그날 새로 배운 어휘나 문장을 자유롭게 적어 보도록 해 주세요. 그러면 영어 쓰기뿐만 아니라 그날 했던 영어 공부를 전반적으로 복습하는 효과도 얻게 되거든요. 이때 주의할 점은 아이 곁에서 "방금 적은 단어의 뜻이 뭔지 알고 쓴 거니?" "오늘 배운 게 왜 그거밖에 없어?" 하고 면박을 주거나 지나친 간섭을 하지 않는 것이 중요해요.

3) 할리우드 배우 되어 보기 (쓰기+듣기+ 말하기)

재미있는 미국 드라마나 영화 혹은 만화 속의 한 장면을 선택해서 친구들과 실제 역할극(Movie Scene Role Play)을 해 본 적 있니? 친구들과 함께 의논하여 재미있었던 영어 만화나 영화의 한 장면을 선택하고 각자 역할을 정해서 역할극을 해 보면 어떨까? 영화 장면을 그대로 재현해도 좋고 실제 내용을 약간 변형해도 재미있을 거야. 우선 대본은 인터넷 검색을 활용하여 찾아보고 각자의 대사를 영어로 써 보는 것부터 시작해 보자.

각자 영어로 쓴 대사를 완성하면 이제 영어로 말하기 연습만 남았어. 역할극의 경우, 친구들이 많이 선택한 영화는 Big Mommas : Like Father, Like Son(2011), 17 Again(2009), Mean Girls(2004) 등이 있으니 참고해 보자.

다양한 직업별 상황을 영어 역할극에 이용할 수도 있단다. 이것은 영화를 활용한 역할극과 비슷하지만 대화 내용이 영화 장면보다 더 간단하기 때문에 보다 쉽게 할 수 있을 거야. 우선 친구들끼리 직업별로 여러 가지 상황을 정해 보자.

예를 들면 의사와 환자, 백화점 의류매장 직원과 손님, 학교 선생님과 학생들, 식당 종업원과 손님, 승무원과 승객, 사장님과 부하직원, 아빠와 엄마, 선배와 후배, 언니와 동생 등…. 상황은 얼마든지 많이 있지. 각자 어떤 상황에서 어느 역할을 맡을지 정하고 대화 내용을 적어 보자. 만일 역할극을 할 때 각 직업과 상황에 맞는 소품을 간단하게나마 준비한다면 좀 더 재미있는 역할극이 되겠지?

"언제까지 이런 방식으로 공부시켜야 하나요?"

"항상 친구들과 함께 역할극을 하게 할 수는 없잖아요?"

이쯤에서 이런 의문이 드는 분도 계실 텐데요, 영화 역할극이나 상황별 역할극 등을 통한 쓰기+듣기+말하기 통합 공부는 사실 혼자서는 하기 힘들 수 있습니다. 부모님의 영어 실력이 어느 정도 뒷받침되어 직접적인 도움을 줄 수 있거나 영어에 관심이 있는 또래 친구들과의 협동 학습이 요구되기도 하니까요.

대다수의 경우 이러한 지원에 한계가 있을 거예요. 하지만 지속적은 아니더라도 가끔 아이의 성격 유형을 반영한 영어 학습 기회를 제공해 준다면 그 자체만으로도 아이의 영어 흥미 유발에 매우 긍정적인 기여를 할 것입니다.

이제까지 영어를 재미있게 공부한 경험이 전혀 없는 아이들에게 계속 열심히 하라고만 하면 아이들은 별로 주의 깊게 듣지 않을 거예요. 부모님이 아이들의 성향에 맞는 영어 공부법을 조금이나마 이해하고 나면 적어도 아이 성향과 전혀 맞지 않는 방식을 고수하는 학원이나 과외수업 등은 과감히 피하는 데에 도움이 됩니다.

어느 정도 아이가 영어에 흥미를 보이고 실력의 기본 토대가 쌓인다면 그때부터는 자기주도적으로 학습할 수 있는 내공이 스스로 생기게 됩니다. 문제는 처음부터 영어 학습에 완전히 흥미를 잃어버린 채, 자신의 성향과 수준과 전혀 맞지 않는 곳으로 끌려다니며 방황하는 아이들이 대부분이라는 점이지요.

4) 토킹 존 (Talking Zone) (말하기)

간단한 영어 표현이나 문장을 집안 곳곳에 붙여 놓고 그곳에 갈 때마다 붙인 문장을 외워서 말해 보는 건 어떨까? 이러한 영어 말하기 방법을 사용하고 있는 영재의 집을 잠시 살펴보자!

중학교 1학년인 영재는 항상 즐거운 덜렁이형으로 1시간 정도도 진득하게 앉아 있기가 참 힘들다. 그래서 앉아서만 공부하기보다는 움직이며 학습하는 영어 공부법을 시도해 보기로 했다.

영재의 부모님은 집안 곳곳에 토킹 존을 만들어, 각 해당 영역에 들어가기 전에 지시 사항을 따르도록 규칙을 정했다. 무엇보다 이 규칙은 영재를 영어 공부시키기 위한 것이 아니라 온 가족에게 필요해서 정한 것임을 확실히 하였다. 또한 이 규칙은 다른 사람이 있건 없건 가족 모두에게 해당되는 것이었다.

그럼, 영재네 집 영어 토킹 존을 한번 들여다볼까?

거실

가족 모두 가장 사랑하고 애용하는 것은 역시 TV. TV를 보기 전에 반드시 다음 질문을 읽고 답을 한 후에만 시청할 수 있음.

HI, TV! How are you? Who is the last person that watched you? Can you let me know how long that person watched? OK. I will watch 프로그램 이름 for 시청 시간. I promise I will keep my word.

이 문장 속엔 TV를 자신이 정한 시간만큼만 시청하겠다는 약속까지 다짐받을 수 있어 무한정 TV를 보지 않는 데 도움이 되겠지?

화장실

화장실은 급할 때가 많아 되도록 짧은 문장을 적자는 영재의 의견을 따랐음.

Hi, bathroom! Sorry that I don't have enough time to talk to you.

부엌

부엌에 왜 왔는지 간단히 말해야 함.

I am here to drink _____ or to eat _____ . (혹은 to do the dishes, to cook 등)

안방

그날 가장 기분 좋았던 일에 대해 말해야 함(사소한 것이라도 꼭 말해 보기).

I was glad today because I performed well in music class.

Minyoung lent me her favorite book which has been of my interest.

It didn't rain today on my way home.

각자의 방

그날 먹은 음식 중 가장 맛있었던 음식을 말할 것.

The best food I had today was _____ . I enjoyed it with my friends at school cafeteria.

잠깐! 만일 오늘 먹은 음식이 전부 맘에 안 들었거나 원래 먹는 것에 전혀 관심이 없다면 어떻게 하냐고? 그렇다면 현재의 기분과 그렇게 느끼는 이유를 말해 보는 등 상황에 따라 다양하게 정할 수 있어. 중요한 건, 자신이 항상 영어로 생각하고 말하는 연습을 꾸준히 하고 있다는 사실이겠지?

예) I'm a little nervous now because today I am taking a quiz in the English academy soon.

현관 앞

현관문 앞에서는 오늘 하루 동안 밖에 나가서 할 일을 잘 해낼 것이라는 희망의 주문을 말해야 함.

I can be the person that I wish to be. Carpe Diem, Go for it, don't worry, be happy!

엄마 보세요~

대개 이런 말하기 방법을 시도할 때 '이런다고 과연 영어가 얼마나 늘까?' 하는 의심이 들 수도 있지요. 혹시 아이가 영어로 말하는 것을 귀찮아하거나 어렵다고 중도에 포기할까 걱정도 많으실 거예요.

하지만 아이가 처음에 별 관심을 보이지 않더라도 부모님이 열심히 참여하는 모습을 보여 준다면 부모님의 노력 그 자체만으로도 아이에겐 큰 동기부여가 될 것입니다.

이때 만일 다른 가족은 전혀 참여하지 않고 아이 혼자 말하도록 강요받는 분위기에서 형식적으로 집안 여기저기에 영어 문장을 붙여 놓는다면 그 어떤 효과도 기대하기 힘들어요. 다같이 영어 말하기에 참여하는 '즐거운 분위기'를 조성하는 것이 이 활동을 하는 가장 큰 이유입니다.

5) 다음 스토리 예측하기 (읽기+쓰기)

즐거운 덜렁이형 중에는 의외로 책 읽기를 좋아하는 아이들이 많단다. 이 아이들은 글을 읽을 때도 좀 더 빠르게 내용을 파악해서 친구들의 부러움을 사기도 하지. 그럼, 즐거운 덜렁이형은 어떻게 영어 읽기 공부를 해야 할까?

우선, 자신의 영어 수준을 고려해서 좋아하는 주제의 책을 고르되 너무 두껍지 않은 것으로 골라보자.

책을 읽은 후 그 다음 이야기가 어떻게 전개될지에 중점을 두고 영어 쓰기를 해 보자. 예를 들어, 오늘 읽은 내용의 주인공이 용이 사는 성에 도착했다면, 다음 이야기에서 주인공이 어떻게 될지를 영어로 미리 짧게 적어 보는 거야.(예 : He might be eaten by the dragon. 혹은 He might be friends with the dragon.)

자, 너희의 멋진 상상력을 동원하여 독창적인 재미있는 이야기를 자유롭게 만들어 보자.

처음부터 길게 완벽한 영어로 적는 건 누구나 힘들 거야. 만일 글로 표현하는 것이 너무 어려우면 읽은 내용과 관련하여 자신이 표현하고 싶은 것을 우선 그림으로 자유롭게 그려보는 건 어떨까? 영어 공부를 하려는데 무슨 그림이냐고? 자, 흥분을 가라앉히고 켈리 쌤의 말대로 한번 해 보자.

직접 그린 그림을 방에 붙여 보고 자신의 느낌이 그림에 잘 표현되었는지도 생각해 보자. 상상력을 동원하여 책 내용을 좀 다르게 그려보는 것도 재미있겠지? 이런 과정에 익숙해지면 읽은 내용이나 자신의 생각을 화이트 보드나 노트에 자유롭게 적어 보자. 이때 영어 한두 단어로 짧게 적어도 괜찮아. 일단 시작이 중요하거든!

중학교 1학년인 진호는 어려서부터 책 읽는 것을 좋아하고 동생이나 친구들과 얘기하면 시간 가는 줄을 모른다. 진호는 초등학교 4학년 때 처음 영어를 접하기 시작했는데 알파벳과 발음기호 등 문자에 대한 습득이 남달랐다고 한다. 영어에 좀 더 많이 노출시켜 주기 위해 진호 엄마는 5학년 초부터 주변 아이들이 대부분 다니는 유명 어학원에 보냈다.

하지만 진호는 미국 초등학교 교과서로 진행되는 수준별 읽기, 쓰기 수업에 잘 적응하지 못했다. 학원 가는 시간에 엄마에게 거짓말을 하고 몰래 친구들과 학교 운동장에서 축구를 하거나 PC방에서 시간을 보내다 크게 꾸중을 듣는 일이 잦았다. 엄마는 진호의 타고난 기질과 성향을 파악한 후에야 그동안의 영어 공부법에 문제가 있었다는 것을 깨달았다.

우선 진호는 따라가기 버거운 미국 교과서 대신 자신이 직접 고른

책을 읽고 독후 활동을 하는 것으로 바꾸었다. 독후 활동은 구체적인 질문에 대한 답을 적는 대신 전체적인 내용과 자신의 느낀 점에 대해 자유롭게 적어 보도록 하였다. 이때 모르는 영어 단어는 한국어로 적은 뒤 나중에 사전을 찾아 영어로 바꿔 보고 영어 자체보다는 책 내용에 몰두하는 데 초점을 맞추었다. 진호는 책상에 오래 앉아 있는 것에 금방 싫증을 내기 때문에 교재는 최대한 얇은 것으로 선택했다.

자, 진호의 읽기/쓰기 공부법을 좀 더 구체적으로 알아볼까?

진호는 직접 고른 모험 이야기 시리즈인 Magic Tree House Series(Mary Osborne, Random House)를 읽기 교재로 활용했어.

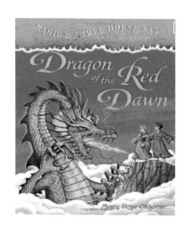

Dragon of the Red Dawn
(Magic Tree House #37)

Magic Tree House는 거의 각 페이지마다 그림이 그려져 있어 진득하게 앉아서 반복 학습하는 걸 싫어하는 진호가 금방 싫증을 내지 않는 데에 도움이 되었어.

진호는 하루에 두 페이지씩만 읽다가 집중이 잘 되지 않은 날은 한 페이지 정도

만 읽기도 했지. 각 챕터북마다 주인공들이 가야 할 곳과 임무가 주어지기 때문에 진호는 이야기에 빠져들면서 점차 다음 이야기가 궁금해지게 되었어. 다음 내용이 궁금해지기 시작하면서 진호가 매일 읽는 양도 점차 늘어나게 되었지.

처음엔 생소한 단어들 때문에 영어로 읽는 것이 매우 힘겨웠어. 그런데 하물며 영어로 쓴다는 건 진호에겐 거의 불가능해 보였지. 책을 읽을 때는 그림만으로도 대략 어떤 내용인지 짐작할 수 있었지만 막상 읽은 것을 영어로 쓰는 것은 너무 막연하게 느껴졌거든.

그래서 진호는 다음과 같은 질문에 대한 답을 먼저 한국어로 적어 본 뒤 영어로 바꿔 보는 연습부터 시작했단다.

■ What made Jack and Annie travel to that country?

(Jack과 Annie가 그 나라로 왜 여행을 갔나요?)

■ What is the next mission for Jack and Annie?

(Jack과 Annie를 위한 다음 미션은 무엇인가요?)

_____

_____

_____

_____

그럼 영어 원서를 읽다가 처음 보는 단어는 어떻게 공부해야 할까? 일단 모르는 단어를 화이트 보드에 적고 각 단어의 의미를 사전을 찾아 아주 간단히 적어 보자. 이때 단어 뜻을 적은 뒤 바로 단어 복습을 할 필요는 없단다. 반복적인 학습으로 쉽게 싫증이 날 수 있거든.

책을 읽을 때는 이미 찾아본 단어의 뜻이 생각나지 않더라도 전체 맥락 속에서 추측해 보며 단어의 의미를 최대한 자연스럽게 익히도록 노력해 보자. 어차피 나온 단어가 계속 반복되어 나오기 때문에 처음에만 힘들 뿐 점차 읽기에도 속도가 붙게 될 거야.

다음 책도 한번 읽어 보고 독후 활동에 활용해 보자.

A Long Way from Chicago
Richard Peck(Puffin, 2004)

이 책은 두 아이가 할머니와 함께 떠나는
여덟 개의 여행 에피소드로 구성되어 있어.
책을 읽다 보면 1929~1935년 당시의 미국
상황에 대한 역사 공부도 저절로 할 수 있는
재미있는 모험 이야기지. 특히 할머니의 성
격이 익살스럽고 사실적으로 묘사되어 있어
서 읽는 동안 실제 우리 할머니들과 비슷한
점을 많이 발견하게 될 거야.

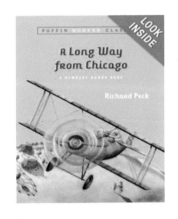

잠깐! 매일 재미있게 영어책을 잘 읽다가도 현재 몸 상태나 기분
에 따라 영어를 거들떠보기 싫을 때도 있는데, 그럴 땐 어떻게 해야
할까? 이런 일이 자주 생기지 않도록 하기 위해서 우리는 여기서 두
가지 방법을 생각해 볼 수 있어.

첫째, 학교 선생님의 도움을 받는 거야. 일주일에 한 번이라도 읽
은 내용을 간단히 영어로 요약하여 선생님께 보여 드리고 조언을
듣는다면 혼자 꾸준히 공부하기 힘들어질 때 분명 많은 도움을 받
을 수 있단다.

둘째, 아무리 재미있는 책이라도 갑자기 싫증이 나기도 하고 온몸

이 근질근질하다면 잠시 읽던 책을 덮어 두고 다양한 주제들(예를 들면 동물, 우주, 자연 재해, 세계의 문화, 게임 등)을 다루는 'National Geographic Kids Almanac 2014'을 펼쳐 보자.

National Geographic Kids Almanac 2014

이 책에는 우리나라 중고등학생들에게 흥미로운 주제들이 다양한 사진과 함께 실려 있어서 지루할 틈이 없을 거야. 더 이상 하기 힘들다고 해서 읽기와 쓰기 공부를 아예 중단한다면 그동안 공부한 것이 그리 큰 효과를 발휘하지 못하게 되거든.

다양한 사진과 자료들을 보면서 잠시 쉬어가는 시간을 가져보자.

단, 보던 책을 덮어 두는 시간이 너무 길면 다시 시작하는 데에 몇 배로 더 힘이 든다는 것도 잊지 마~.

즐거운 덜렁이형은 복습할 때는 오래 앉아 있지 못하고 대충 형식적으로만 하기 쉽기 때문에 복습보다는 예습이 더 효과적이에요. 항상 엄마의 성화에 못 이겨 방에 들어가거나 독서실에 떠밀려 가기는 하지만 영어책을 펴기 무섭게 아이는 혼자만의 상상의 나래를 펼치기 시작할 때가 많지요.

"오랜 시간 공부하는데 왜 성적은 이 모양이야!"라고 혼내신 적이 많다고요? 그 이유는 아이가 영어 공부 시간을 효율적으로 활용할 줄 잘 몰라서일 거예요. 아이의 실력에 맞는 교재와 구체적인 공부법을 아이와 계속 찾고 함께 시도해 보아야 해요.

또한 답답하고 조급한 마음에 아이를 너무 엄격하게 다그친다면 아이는 마음에 상처를 받고 더 이상 영어와는 담을 쌓을 수 있어요. 부모님의 칭찬과 격려, 그리고 적절한 동기부여로 아이들이 영어에 자신감을 갖도록 지켜보면서 용기를 북돋아 주세요.

아이가 학교에서 속상한 일이 있었거나 그날따라 집중력이 떨어지고 지루해한다면 평상시보다 공부 분량을 더 적게 하고 부족한 부분은 나중에 다시 보충하도록 하는 것이 좋아요. 아이 스스로 그날의 정해진 분량을 무리해서 마치려 할 수 있지만 능률이 전혀 오르지 않거든요. 그땐 과감히 쉬도록 하는 것이 그 후에 더 큰 효과를 발휘하기 위한 최선책입니다.

다음 영어 시험은 더 잘 봐야지!

적극적인 행동형은 친구들이 잘 따르고 누구와도 잘 어울리지만 고집이 세고 이기적인 면도 있어. 친구들과 놀 때는 신나고 재미있게 시간을 보내다가도 공부할 때는 의외로 핵심을 빠르게 파악해서 부모님이나 선생님들을 놀라게 할 때도 많을 거야. 선생님들로부터 예의 바르다고 칭찬을 듣기도 하지만 권위적인 선생님 앞에서는 약간 반항적인 모습을 보이기도 하지.

자, 이제 적극적인 행동형의 영어 공부법을 알아보도록 하자!

1) 독해와 문법이 함께 설명된 책으로 공부하기 (읽기)

적극적인 행동형은 책임감이 강하고 일단 목표가 정해지면 그 목표를 향해 앞으로 쭉 달려나가는 경향이 있지. 하지만 정말 자신 있었는데 막상 결과가 너무 좋지 않게 나올 때는 쉽게 포기해 버리는 경향도 있단다. 이럴 땐 계획을 달성한 후 나타나게 될 결과와 자신에게 일어날 긍정적인 변화를 계속 머릿속에 떠올려보자.

예를 들어, '이 책을 다 읽고 나면 독해 실력이 많이 늘어서 다음 영어 시험은 백점 맞을 수 있을 거야', '새로운 단어를 많이 알게 되었으니 수업시간에 대답을 더 잘하게 될 거야' 등 구체적인 결과를 자꾸 떠올리면서 공부하다 보면 포기하고 싶은 마음을 다잡을 수 있게 돼.

핵심을 빠르게 파악하고 이해력이 높은 아이들은 유독 벼락치기에 놀랄 만한 실력을 갖고 있지. 이해력이 빠르고 단시간에 집중도 잘하기 때문에 현재 영어 성적에 불만이 없을지도 몰라. 하지만 문제는 고등학교에 올라가면서부터란다. 고등학교 영어는 단어 양과 알아야 할 문법도 훨씬 더 많아지고 대학 입시를 준비해야 하기 때문에 영어에 대해 준비해야 할 것이 정말 많거든.

그런데 나름 영어에 자신감 넘쳤던 적극적인 행동형들은 고등학교에서는 더 이상 통하지 않는 공부법에 대해 우와좌왕하다가 결국 크게 실망하고 주저앉게 되지. 지속적으로 영어를 잘하려면 어떤 성격이든 간에 벼락치기 습관은 당장 버려야 해!

자, 지금부터라도 자신의 머리만 너무 믿지 말고 꾸준하게 읽기 공부를 시작해 보자. 물론 처음부터 엉덩이를 의자에 오래 붙이고 앉아

꼼짝 않고 책 읽기를 시작하라는 건 아니니까 너무 걱정하지 마~.

읽기 교재를 고를 때는 영어 지문 독해 문제와 이에 대한 핵심 문법 사항이 함께 설명된 것을 선택해 보자. 탄탄한 문법 실력은 영어 지문을 정확하고 빠르게 이해하는 데에 필수사항이니까 독해와 문법을 함께 공부하면 좋겠지?

이때 핵심 문법을 알기 쉽게 정리해 놓은 책으로 정하는 것이 좋아. 문법 설명이 너무 길고 복잡한 것은 진도가 더디게 나가 영어가 지루하게 느껴지기 쉽거든. 영어 읽기 연습을 할 때 이렇게 문법도 함께 공부하면 고등학교에 올라가서 영어 수업시간이나 각종 시험에 좀 더 쉽게 적응할 수 있단다.

혹시 영어 독해와 문법을 공부하다가 지루해질 때는 다음 책을 읽어 보자.

Granny Fartybutt Comes to Dinner
Lily Lala (2013)

이 책은 방귀를 잘 끼는 할머니의 이야기인데, 공부하다 지루할 때 짬짬이 읽어 보면 영어 감도 살리고 기분전환도 될 거야.

아이의 책임감을 믿고 매번 너무 어렵거나 많은 양의 과제물을 강요한다면 아이는 점차 부담감과 스트레스를 느끼게 될 거예요.

처음에는 참을성 있게 해내겠지만 시간이 지날수록 버거워서 스스로에 대해 실망과 분노가 쌓이게 되지요. 결국 아이는 자존감까지 상실할 위험이 있습니다. 따라서 아이가 적당한 수준과 양의 과제물을 공부할 수 있도록 도와주세요.

자신이 맞다고 생각하면 굽히지 않는 아이들의 경우, 올바른 영어 공부 습관이 몸에 밴 상태라면 이러한 점은 아주 큰 장점이 될 수 있어요. 이런 아이들은 누군가 잘못된 영어 공부법을 강요하더라도 단호히 거절할 수 있거든요.

문제는 아직까지 자신에게 맞는 영어 공부법을 터득하지 못했는데도 자신의 뜻을 무턱대고 주장하는 아이들의 경우예요. 이제부터는 아이 스스로 현재 자신의 영어 실력이 어느 정도인지 객관적으로 파악할 수 있도록 도와주어야 해요. 자신의 부족한 점을 알고 다양한 영어 공부법을 적극적으로 시도해 본다면 자신에게 맞는 방법을 정확히 찾을 거예요.

2) 단계별 영작 교재 활용하기 (쓰기)

적극적인 행동형 중에는 단계적 눈높이 학습에도 끄떡없는 아이들이 많지. 이 점은 영어 공부에서 매우 큰 장점이 될 수 있단다. 글쓰기는 기본적인 문법 뼈대에 다양한 단어를 붙여 하나의 나무에서 점차 숲으로 발전하는 단계를 거치게 되거든.

따라서 단계적으로 공부하는 습관을 들인다면 탄탄한 글쓰기 실력을 쌓게 될 거야. 차근차근 단계별로 어려운 쓰기 문제에도 한번 도전해 보자.

학교에서 옆에 앉은 짝꿍과 간단한 영작을 해 보는 건 어떨까? 쉬는 시간이나 점심 시간 등을 이용해도 충분히 할 수 있거든. 국어나 도덕 등 아무 교과서나 펼쳐서 한 문장을 선택하여 짝꿍과 영작을 해 보자.

처음엔 단어나 표현이 전혀 생각나지 않을 수도 있지만 부족한 대로 자꾸 연습해 보아야 한단다. 영작을 다 한 후에는 서로 비교해 보고 어색하거나 몰랐던 부분에 대해서는 의견을 나누고 단어를 찾아보는 시간을 갖자. 짝꿍과 바꿔 보면서 어색한 부분을 찾고 서로 수정해 나가는 과정은 영어 표현이나 문법 사항을 좀 더 깊이 이해하는 데에 큰 도움이 될 거야.

혼자 영작을 할 때에는 무조건 영어 쓰기 교재를 이것저것 사서 공부하기보다는 자신의 수준보다 약간만 더 어렵게 느껴지는 쓰기 교재를 한 권 선택해 보자.

적극적인 행동형은 한 가지가 끝나야 다른 것을 시작하길 좋아하기 때문에 한꺼번에 여러 교재를 공부하는 것보다는 한 교재씩 차근차근 공부하는 것이 더 효과적이거든. 이러한 단계적인 공부법은 꼼꼼함과 탄탄한 기초가 세워졌을 때에야 가능한 영어 쓰기 능력 향상에 있어 좋은 밑거름이 될 거야.

엄마 보세요~

아이의 영작 실력이 가장 기초적인 문장 형식(예 : I like pizza.)에 머물러 있는데도 비싼 학원비를 들여 미국 교과서를 학습하도록 하거나 지나친 선행학습을 시키지는 않으신가요?

그렇다면 아이가 원래 가지고 있던 강한 성취 욕구가 계속 좌절되다가 결국 학습에 대한 자신감을 아예 잃어버릴 수도 있어요. 이제까지 잘해 왔다고 해서 수준을 무리하게 높인다면 아이에게 지나친 스트레스를 줄 수 있으므로 각별히 주의해야 합니다.

아이가 자신의 목표에 대한 달성 의지, 자기관리 능력 그리고 통제력이 있다면 인터넷 강의도 고려해 볼 만합니다. 요즘 인터넷 강의 사이트도 매우 다양하지만 강의 선정과 강사 결정에 매우 신중해야 해요. 이 유형의 아이들은 선생님의 일방적인 강의보다는 적극적 참여를 유도하는 수업을 선택하는 것이 도움이 됩니다.

그리고 기초 영어 단계일수록 흥미를 불러일으키면서 가급적 짧은 강의를 선택하고 정기적으로 수업 진행 과정을 곁에서 지켜보세요. 학습 진도를 관리하는 프로그램이 있는 사이트를 고르는 것도 꾸준한 영어 학습에 도움이 됩니다. 아무리 엄마들 사이에서 많이 알려진 인터넷 강의라도 우리 아이와 맞는지, 아이와 충분히 의논해 보세요.

3) 영어로 별명 짓기/영어 노래 지어 보기 (듣기+쓰기+말하기)

재치가 넘치고 장난기도 많아서 친구들이나 선생님 별명도 잘 짓고 유행어도 잘 만들어 낸다면 이런 재치를 영어 글쓰기에도 한번 활용해 보자. 아마 영어가 덜 지루하게 느껴지고 창의력도 한 단계 높이는 계기가 될 거야.

우선, 별명 짓기를 활용한 영어 글쓰기를 해 볼까? 친한 친구에게 영어 별명을 지어 주고 그렇게 정한 이유를 적은 후 영어 말하기로도 활용해 보자. 중학교 3학년인 준승이의 친구 별명 설명하기를 한번 살펴볼까?

My buddy's nickname (내 친구의 별명)

Jongmin's nickname: Generous Shark

Jongmin is one of my best friends. He is very aggressive in whatever he does especially in snack time. In front of food, no matter what it is and whose food it is, he quickly puts the food into his plate and it becomes a mound and a huge hill soon. However, when his friends complain about his behavior, he quickly shares the food with others. That's why Jongmin's nickname is a generous shark.

또 다른 재미있는 영어 쓰기 공부법에는 영어 노래 가사 바꾸기가 있어. 너무 어렵게만 생각하지 말고 기발한 아이디어를 마음껏 발휘해 보자.

다음은 중학교 3학년인 윤구가 영화 'Willy Wonka and the Chocolate Factory'에 수록된 노래 'Pure Imagination'을 학교 식당 메뉴와 관련하여 가사를 바꾸어 본 거야. 윤구는 가사가 바뀐 부분에는 밑줄을 그어 놓아 어느 부분이 바뀌었는지 쉽게 알아볼 수 있도록 했단다.

Pure Imagination - Willy Wonka & The Chocolate Factory

원문

Come with me and you'll be

In a world of pure imagination

Take a look and you'll see

Into your imagination

We'll begin with a spin

Travelling in the world of my creation

What we'll see will defy Explanation

If you want to view paradise

Simply look around and view it

Anything you want to, do it

Want to change the world,

there's nothing to it

가사 변형

Come with me and you' ll be

In a world of the scoop of our school

Take a look and you' ll see

Into your imagination

We' ll begin with a spin

Looking at the number of side dishes

What we' ll see will disappoint all of the students

If you want to view a sumptuous feast

Simply look around and view the menu

Anything you want to, eat it

Want to change the menu,

there' s nothing to it

There is no life I know

To compare with pure imagination

Living there, you' ll be free

If you truly wish to be

If you want to view paradise

Simply look around and view it

Anything you want to, do it

Want to change the world,

there' s nothing to it

There is no life I know

To compare with pure imagination

Living there, you' ll be free

If you truly wish to be

가사 변형

There is no food I know
To compare with your mom's home cooking
Accepting it, you'll be free
If you truly wish to be

If you want to view a sumptuous feast
Simply look around and view the menu
Anything you want to, eat it
Want to change the menu,
there's nothing to it

There is no food I know
To compare with your mom's home cooking
Accepting it, you'll be free
If you truly wish to be

영어 가사 바꾸기 활동은 반복되는 멜로디가 많기 때문에, 영어 쓰기가 다소 서툴더라도 적극적으로 재치를 발휘한다면 큰 어려움 없이 영어 쓰기를 할 수 있게 될 거야.

4) 유명 프리젠터(presenter) 처럼 말하기

친구들과 토론을 할 때 적극적인 행동형의 눈에서는 빛이 나지. 말을 조리 있게 하는 재주가 있기 때문에 간단한 영어 토론을 통해서도 영어 말하기 실력을 쑥쑥 올릴 수 있을 거야.

자, 다음 단계를 한번 밟아 보자.

- 주제를 정하고 이에 대해 찬성하는 그룹과 반대하는 그룹으로 나누기
- 각 그룹 내에서 자신들의 생각을 뒷받침하는 근거와 이유들을 찾아보고 최종적으로 의견을 정리해 보기
- 각 그룹의 발표자가 나와 각자 그룹의 의견을 상대편에게 설득하기 (발표자는 찬성 의견 그룹에서 한 명, 반대 의견 그룹에서 한 명씩 나와 차례대로 발표)

또 다른 토론 방법으로는 세 친구가 함께 하는 영어 토론이 있어.

- 세 명 중 두 명은 특정 주제에 대해 찬성과 반대 편으로 나누어 각자 자기의 주장을 노트에 정리해 보기
- 주장을 펼칠 준비가 되면 두 명은 각자의 주장에 대해 나머지 한 명을 설득하기

이와 같은 말하기 방법은 호기심과 승부욕을 자극하기 때문에 다른 사람의 강요에 의해서가 아니라 스스로 열심히 하게 되어 그만큼 영어 말하기 실력 향상에도 많은 도움을 주게 된단다.

그룹 토론의 주제나 자료는 우리 주변에서 얼마든지 구할 수 있어. 특히 어린이와 청소년 대상의 영자신문 중에는 아이들의 관심을 많이 끌고 있는 주제에 대한 찬반 토론 자료를 제공하고 있으니까 적극 활용해 보자.

5) 영어로 '미션 완료'하기 (쓰기+말하기)

실력이 비슷하거나 좀 더 잘하는 친구들과 함께 하는 그룹 영어 말하기 활동은 적극적인 행동형의 영어 실력 향상에 도움이 돼. 만일 기본적인 어휘와 기초 문법이 탄탄하다면 원어민 선생님과의 그룹 말하기 수업도 도움이 될 수 있을 거야.

영어 말하기 수업을 위해 책상에 둘러앉아 서로 흥미 있는 주제에 대해 토론하는 것도 좋지만 방학 동안이나 시간이 조금 여유로울 때는 선생님과 함께 '미션'을 정하여 실제 영어회화에도 도전해 보면 어떨까? 다음의 실전 말하기를 한번 살펴보자.

Mission Impossible

Mission of the Week : (Group work) 세 명의 외국인과 만나 관련 주제에 대해 이야기를 나누고 사진/동영상 찍어 오기 (이번 주 장소 : 경복궁)

Activities(활동 순서)

1. 서너 명씩 짝을 지어 한국에 대해 4~5줄 정도로 간단히 요약 정리하기

　　(인터넷 등을 활용하여 관련 자료를 수집하여 정리)

예) The Republic Of Korea is a small country, but the country has become the center of economy and culture in Asia. In the early 20th century, Korea was colonized by Japan and then had to go through the Korean War, but it has achieved economic growth in a short period of time.

2. 한국 전통문화에 대해 자료 만들기 (아래 소재 중 주제를 하나 선택하기)

- 훈민정음
- 태권도(a traditional Korean martial art)
- 전통 음식(주로 길거리에서 쉽게 접할 수 있는 엿이나 전통차, 비빔밥, 불고기, 김치, 빈대떡 등)의 유래나 음식 재료 등을 간단히 정리하기

- 한복
- 기타 : 인삼, 한국의 과거 신분제도, 효 중시 문화 등

아이들의 실제 말하기 활동 중에 외국인이 가장 많이 관심을 보인 내용은 과거 우리 조상들이 머리카락을 부모로부터 받았다 하여 평생 자르지 않았다는 부분이었단다.

3. Mission

- 경복궁에 가서 세 명의 외국인을 만나 미리 준비한 자료를 주거나 보여 주고 영어로 설명하기
- 설명하는 모습을 다른 친구가 동영상으로 촬영하고 함께 인증 사진을 찍어 오면 미션 완료! (정해진 시간 안에 완료해야 함)
- 미션을 완료하지 못하면 (예 : 동영상과 사진 중 하나만 준비하거나 정해진 시간 안에 돌아오지 않는 등) 미리 선생님과 친구들이 정한 벌칙 받기

미션 완료 후, 선생님과 함께 맛있는 점심식사를 하면서 과제를 수행하면서 어려웠던 점이나 재미있었던 점 등에 대해 이야기를 나누어 보는 건 어떨까? 아마도 자신이 부족했던 점을 자연스럽게 깨닫고 개선해 나갈 의욕도 생기게 될 거야.

6) 자신의 꿈과 관련된 영화 찾아보기(듣기 + 말하기)

적극적인 행동형 역시 영화나 동영상 등을 활용하여 영어 듣기 공부를 재미있게 할 수 있어. 하지만 영화를 듣기 공부에 활용할 때, 만일 아무 때나 정해진 계획 없이 재미 위주로 보다 보면 좋은 효과를 기대하기가 힘들단다. 적극적인 행동형의 경우에는 공상과학영

화보다는 실제 자신의 꿈과 관련 있는 영화(예를 들면, 평소 존경하는 인물이나 되고 싶은 직업 세계 등을 다룬 것)을 활용하도록 하자.

중학교 3학년인 혜영이는 장차 국제 특파원이 되는 것이 꿈이다. 혜영이는 매사 목표를 삼은 일에 대해서는 계획을 짜고 끝까지 이루기 위해 매진하는 성격이고 자신의 꿈을 이루기 위한 구체적인 계획도 이미 세워 놓았다. 혜영이에게 가장 중요한 계획은 우선 영어를 자기 것으로 만드는 것이다.

혜영이는 가장 좋아하는 미국 CNN의 국제 전문기자인 크리스티안 아만푸어(Christian Amanpour)가 보도하는 장면들을 찾아 듣기 자료로 활용하고 있다. 처음에는 말이 빨라 그저 소음으로만 들렸지만, 스크립트를 찾아 모르는 단어와 표현을 미리 찾아보면서 듣기를 계속 반복하다 보니 조금씩 귀에 들려오는 말들이 늘어났다. 혜영이는 영어 스크립트 중 가장 맘에 드는 두세 문장을 외워 거울을 보고 실제로 보도하는 연습을 할 때가 가장 재미있다고 한다.

혜영이는 이 밖에도 자신이 평소 관심 있는 주제를 다룬 영화 "Promises"를 듣기 공부에 활용해 오고 있어.

Promises (2001)

이 영화는 팔레스타인 난민 거주지에 살고 있는 팔레스타인 아이들과 이웃 예루살렘에 살고 있는 이스라엘 아이들의 우정을 다룬 다큐멘터리 영화야. 국제 이슈에 관심 있는 친구에게 추천할 만한 영화지.

영화 대사가 어느 정도 익숙해지면 영어 받아쓰기에도 한번 도전해 보렴. 만일 영화 대사가 너무 빨라서 받아적는 것이 어렵다면 다음 책을 활용해 보자.

The Worst Day of My Life Ever!(Best me I can Be)
Julia Cook(Boys Town Pr, 2011)

이 책은 자신의 하루가 엉망이 되어 버린 아이의 이야기야.

내용 자체는 어렵지 않지만 그래도 영어로 받아쓰려면 아마 귀를 쫑긋 세워야 할 거야.

"엄마가 영어 공부하라고 하면 더 하기 싫어져요!"

적극적인 행동형은 자기 주장이 강한 편이기 때문에 부모님이 일방적으로 반복학습을 시키거나 책상에 오래 앉아 있는지 밖에서 감시한다면 오히려 큰 역효과를 불러올 수 있어요.

또한 아이가 스스로 짠 학습 계획이 아무리 터무니없이 보이더라도 즉시 고치려 하거나 다그치는 일이 없도록 해야 합니다. 속으로는 부글부글 끓더라도 일단 아이의 결정을 인정해 주고 자신의 결정대로 해 보고 시행착오를 겪어 보도록 잠시만 지켜봐 주세요. 부모님의 권위적이고 일방적인 지시는 이 유형의 아이들에겐 최대의 독이 되니까요.

잠깐 쉬어가자!

켈리 쌤의 미국 이야기 3

미국 중학생들이 좋아하는 브랜드를 알아볼까? 미국 남학생과 여학생 모두 가장 좋아하는 운동화로 단연 '컨버스 척테일러(Converse Chuck Taylor)'를 꼽았어. 또한 오랫동안 꾸준히 인기를 얻고 있는 브랜드는 '나이키 에어 조던(Nike Air Jordan)'이래. 특히 여학생들은 저렴하면서도 다양한 디자인이 많은 Forever21과 H&M에서 옷을 많이 구입하고 있어.

Chapter 5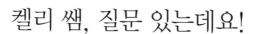

켈리 쌤, 질문 있는데요!

학원 안 다녀도 영어를 잘할 수 있나요?

영어 단어랑 문법 공부는 정말 힘들어요!

영어 공부는 매일 해야 해요?

전 원래 영어랑 맞지 않아요!

학교 수업은 너무 지루해요!

영어를 잘하려면 꼭 외국에 다녀와야 해요?

어학 연수를 가려면 어떻게 준비해야 되나요?

학원 안 다녀도 영어를 잘할 수 있나요?

중학교 3학년인 세정이는 학교에서 영어 성적이 중상위권인 학생으로 공부 욕심도 많고 승부욕이 강한 편이다. 세정이는 지난번보다 떨어진 모의고사 성적 때문에 화가 잔뜩 나 있다.

"엄마! 이번 성적 왜 이러지? 영어 과외 선생님이 하라는 대로 다 공부했는데 성적이 안 올랐어요! 이번이 벌써 두 번째라구요! 나 이제 그 선생님하고 공부 안 할래요. 좀 더 잘 가르치는 사람으로 바꿔 주세요."

"세정아, 걱정 마. 근데 참 이상하네~ 분명 그 선생님한테 배우면 금방 성적이 오른다고 들었는데…. 민철이 엄마가 유명한 선생님이라고 했는데 내가 잘못 알았나 보다. 대체 공부시간에 공부는 제대로 안 가르치고 뭘 한 거야? 엄마가 더 좋은 선생님으로 알아봐야겠다. 넌 걱정 말고 있어."

엄마와 세정이의 대화를 보면 세정이의 성적 부진의 주된 요인은 바로 과외 선생님이지. 과연 과외 선생님이 못 가르쳐서 세정이가 원하는 성적이 나오지 않는 걸까? 물론 세정이 말대로 과외 선생님의 실력이 정말 형편없고 잘못 가르쳐서 그럴 수도 있어.

하지만 선생님 실력이 형편없고 전달하는 능력이 부족하다고 하더라도 그것이 세정이의 성적이 떨어진 직접적인 원인은 아니란다. 성적이 떨어지고 올라가는 것은 전적으로 자신에게 달려 있거든. 배우는 사람의 공부 태도와 자세가 가장 중요하지 않을까?

주변에 유명 학원이나 과외 선생님들의 도움으로 영어 실력이 향상되었다는 친구들이 있다면 속으로 많이 부럽기도 하고 그 학원에 같이 다니고 싶을 거야.

하지만 기초를 쌓고 다지는 과정 전부를 선생님이 모두 해 주던 친구들은 정작 자기주도학습을 해야 할 고등학생이 되고 나면 대개 한꺼번에 무너지게 돼.

영어 학습 불변의 법칙은 다른 사람이 아닌, 바로 스스로 공부해야 한다는 거란다. 너무나 당연한 이야기라고? 하지만 이러한 당연한 진리를 우리는 아주 쉽게 잊어버리고 있지. 예를 들어, 영어 단어 공부를 생각해 볼까? 영어 단어를 자기 것으로 만들고 싶다면 어느 누구나 자주 암기하고 이를 다양하게 활용하는 등 꾸준한 노력이 필요하단다.

그런데 단어가 수없이 나열된 학원 교재나 프린트는 결국 누가 암기해야 하지? 바로 자신이야. 아무리 유명한 학원에서 족집게 인기 선생님에게 수업을 듣는다 해도, '스스로' 복습하고 질문도 만들어보지 않는다면 과연 무슨 소용이 있을까?

엄마 보세요~

아직도 자기주도학습이 확고히 정착되어 있지 않고 이제껏 선생님들이 떠먹여 주는 밥만 먹어 온 세정이 같은 학생들은 '스스로' 밥을 떠먹어야만 결과가 얻어지는 단계에 도달하면 밥을 아예 못 먹고 쫄쫄 굶게 되지요.

현재 영어 성적이 잘 오르지 않아 불만이 많은 아이들 중에는 성적이 오르는 것과 비싼 과외 선생님을 실과 바늘처럼 여기는 경우가 많아요. 이는 엄마의 태도와도 밀접한 관련이 있지요. 아이 성적이 좀 안 오른다 싶으면 바로 학원이나 과외 선생님을 바꾸는 환경에서 자란 아이들은 학년이 올라가서도 성적이 잘 안 오르면 바로 학원이나 과외 선생님에게 책임을 돌리게 됩니다.

주로 부모가 교육에 열정이 많고 아이 또한 학업에 대한 욕심이 있는 경우에 흔히 볼 수 있는데요, 문제는 부모의 아이 교육에 대한 불타는 열정이 엉뚱한 방향으로 나타나서 우리 아이들을 더 힘들게 하고 있다는 점이에요.

"학교에서는 학생 개개인에 대한 관리가 제대로 안 되지만 학원에서는 단어를 외워 오지 않거나 숙제를 안 해 오면 혼내기도 하고 다 할 때까지 집에도 안 보내기 때문에 학원을 보내야 해요. 우리도 어쩔 수 없다구요."

이렇게 하소연하는 엄마들이 많으시지요. 그렇게라도 안 하면 아이들이 아예 영어 공부를 안 할까 봐 걱정이 되니까요.

물론 학원에서 억지로라도 단어를 외우면 아예 안 하는 것보다야 나을 수 있어요. 하지만 하기 싫은 학원 숙제를 해야 할 때, 친구들끼리 서로 베끼거나 심지어 학원을 안 가고 PC방에 가는 아이들도 많지요. 스스로 영어 공부의 필요성을 전혀 느끼지 못한 채 학원이나 과외수업을 억지로 다니는 것은 아이들에게 너무나 큰 스트레스입니다.

영어가 아무리 싫더라도 현재 '왜' 공부해야 하는지 아이가 깨달아야 해요. 그리고 학원이나 과외는 영어 실력 향상에 필수 조건이 아니란 것도 분명히 알아야 합니다.

특히 아이가 중학교 3학년이라면, 자신만의 공부법을 터득하고 영어의 기본 틀이 서서히 잡혀야 할 때입니다. 하루 중 아이 스스로 고민하고 노력하는 시간이 점차 길어지도록 계속 격려해 주세요.

영어 단어랑 문법 공부는 정말 힘들어요!

1) 단어 공부는 이렇게 해 보자!

중학교 2학년인 시영이는 영어를 좋아해서 평소에도 영어 공부하는 시간이 다른 과목에 비해 훨씬 많다. 하지만 영어 성적은 항상 제자리걸음이라 늘 불안하기만 하다. 시영이는 항상 머리를 연습장에 파묻고 연습장 한 면이 거의 너덜너덜해질 때까지 영어 단어를 적고 나서야 다음 장으로 넘긴다.

시영이의 걱정대로 시영이의 영어 공부 방식에는 문제가 있어. 시영이는 영어 공부시간 대부분을 단어 암기에 사용하고 있거든. 물론 영어 단어를 많이 알면 알수록 좋은 건 다 아는 사실이야. 기본적으로 영어 단어를 많이 알면 알수록 말하기, 듣기, 읽기, 쓰기 등 전반적인 영어 실력이 쉽게 향상된다는 건 분명한 사실이니까.

하지만 시영이가 여기서 잘 모르는 사실이 두 가지 있단다. 첫째,

단어 공부법이 자신과 전혀 맞지 않는 것이고, 둘째, 공부한 영어 단어가 적절하게 활용되지 못한다는 점이지.

사람마다 단어 암기 방법은 제각기 다를 수 있어. 각자 취향과 성격에 따라 좀 더 좋아하는 공부법이 있으니까. 하지만 닻을 올려야만 배가 항해를 하고, 씨앗을 뿌려야 수확을 하듯이 영어 공부에 있어서도 성격을 뛰어넘어 닻을 올리고 씨앗을 뿌려야 하는 피할 수 없는 과정이 있단다. 탄탄한 영어 실력은 바로 단어의 기본 토대를 올바로 갖추는 것에서부터 시작되거든. 자, 다음의 단어 공부법을 한번 참고해 볼까?

나만의 단어 정리장 만들어 보기

모르는 단어나 처음 보는 표현이 나올 때마다 따로 정리할 수 있도록 자신만의 노트를 한 권 마련해 보자. 앞으로 계속 양이 많아지고 오래 간직할 만큼 너무 얇지 않고 튼튼한 노트를 준비하는 것이 좋겠지?

공부하다가 모르는 단어가 나오면 따로 노트에 정리해 보자. '다른 거 공부할 때 또 나올 테니까 지금 정리 안 해도 되겠지'라고 생각하고 그냥 넘어가면 그 단어를 완전히 자기 것으로 만드는 것이 점점 더 힘들게 되거든.

자신만의 단어 정리장을 갖는 것은 나중에 좋은 대학을 가기 위해서 혹은 영어 시험을 당장 잘 보기 위해서만이 아니야. 정리하다 보면 꽤 여러 권으로 분량도 많아지는데 이를 다시 훑어 보기만 해도, 서점에서 구입한 어휘집으로 외울 때보다 더 머리에 쏙쏙 들어오거든. 대학을 졸업한 후에도 이렇게 정리한 자신만의 단어장은 앞으로 탄탄한 영어 실력을 쌓는 데 중요한 토대가 되어 줄 거야.

혹시 문제집을 풀다가 모르는 단어가 나오면 해당 문제 옆에 단어 뜻을 적어 놓는 때도 많지? 하지만 모르는 단어는 중학교 때부터 아예 단어장에 따로 정리하는 습관을 들이는 것이 장기적으로 볼 때 더 효과적이란다. 중학교 때 풀었던 문제집을 고등학생이 되어 다시 펼쳐놓고 예전에 써 놓은 단어를 찾기란 쉽지 않거든.

"전 단어를 정리할 때 손으로 직접 쓰기 싫어요." 이런 친구들은 컴퓨터나 각종 전자기기로 작업해서 파일로 저장하면 돼. 단, 점점 정리하는 양이 많아지는데 부지런히 공부하지 않는다면 자신이 정리한 단어 자료가 남이 정리해서 올려놓은 자료처럼 생소하게 여겨질 수도 있겠지?

단어를 노트에 정리할 때는 단어 뜻만 적어 놓지 말고 관련된 구문 표현이나 예문, 파생된 단어 등도 함께 정리해 두면 단어 실력이 훨씬 향상될 거야.

특히 동사를 정리할 때 기억해야 할 점이 있어. 동사는 뜻만 적으면 제대로 정리한 게 아니란다. 즉 그 동사가 자동사인지 타동사인지, 또는 둘 다 되는지도 적어 보고 각각의 예문도 한두 문장 정도 함께 정리해야 하지. 동사의 뜻만 달랑 외우다 보면 나중에 능동/수동을 구별해야 풀 수 있는 문제들을 접할 때 혼란스럽거든. 잠깐! 이렇게 단어를 정리하다가는 하루가 다 간다고? 물론 처음엔 단어 한두 개를 정리하더라도 시간이 꽤 많이 걸릴 거야.

하지만 이러한 과정이 익숙해질수록 점차 정리하는 속도도 빨라질 테니 너무 걱정하지 말자. 이제 자신만의 단어장이 준비되었다면 혹시 빠졌을 수도 있는 중요한 필수 단어나 표현이 있는지 검토해 볼 겸 영어 어휘책 한 권을 준비해 보자. 이렇게 자신만의 단어 정리 노트와 어휘 책 두 가지로 함께 공부해 나간다면 좀 더 빈틈없는 영어 단어 공부가 될 거야.

외운 단어는 확인하고 넘어가기

단어를 공부할 때는 우리 몸이 좀 바빠져야 해. 왜냐하면 직접 손으로도 써 보고, 소리 내어 읽어도 보고, 머릿속으로도 이해한 후 넘어가야만 그 단어가 좀 더 오래 남아 있거든. 친구들 중에는 단어를 암기할 때, 손으로 깨알같이 단어를 무작정 반복해서 쓰기만 하는 아이들도 있지. 하지만 손만 아프고 그날 자기 전에는 막상 머릿속에 기억나는 단어가 거의 없는 경우도 꽤 많을 거야.

교육과학기술부가 정한 필수단어는 초등학교 800개, 중학교는

2,000개, 고등학교는 3,000개란다. 단어는 많이 알면 알수록 좋으니까 매일 적어도 30개씩은 꾸준히 외워야 영어 실력 향상을 기대할 수 있지. 여기서 중요한 점은 다음날 새로운 단어들을 외우기 전에 전날 암기했던 30개를 반드시 확인하고 넘어가야만 머릿속에 좀 더 확실히 남는다는 사실이야.

단어를 암기할 땐 한 단어만 10분, 15분씩 붙들고 있지 말고 시간을 정해서 일단 10개씩 끊어서 외워 보자. 단, 다음 10개를 외우기 전, 좀전에 외운 10개를 다시 확인하고 다음으로 넘어가야 하지. 이렇듯 암기와 이해에서 멈추지 않고 확인까지 거쳐야만 단어를 더 오래 기억할 수 있단다.

물론 영어 단어를 공부할 때 정해진 방법은 없어. 어떤 친구들은 단어 뜻을 눈으로만 봐도 오래 기억하고 철자는 몇 번만 써 봐도 잘 외워진다고 해. 각자 공부가 잘 되는 방법은 다르니까 자신에게 꼭 맞는다고 생각되면 굳이 바꿀 필요는 없단다.

하지만 눈으로만 보든 쓰면서 외우든 간에, 새 단어들을 암기하기 전에는 좀전에 외웠던 단어를 다시 한번 확인한 후 넘어가야 한다는 것을 잊지 말자. 확인하고 넘어가는 방법으로는 머릿속으로 해당 단어를 이미지로 연관 지어 보기, 단어의 뜻을 그림으로 직접 그려보기, 혹은 그 단어를 넣어 쉬운 예문을 직접 만들어 보기 등 다양하단다.

최근엔 단어를 좀 더 쉽게 암기하고 기억할 수 있도록 도와주는 전자기기, 각종 영상자료, 인터넷 학습 도우미, 속독 단어 암기 학원 등 단어 공부를 좀 더 쉽고 짧은 시간에 할 수 있도록 도와주는 방법들이 즐비하지요.

하지만 그런 방법들을 지나치게 의지하는 것은 마치 쉽게 소화시킬 수 있도록 항상 영양죽만 먹는 것과 같아요. 항상 죽만 먹다 보면 결국 소화기능이 약해져 나중엔 결국 덩어리 음식을 먹기조차 힘들어지거든요. 언제나 쉽게 공부할 수 있도록 도움을 받아 온 아이들은 달고 소화하기 쉬운 음식에만 익숙해져 있다가 나중에는 몸에는 좋지만 맛없는 음식은 뱉어 내고 말아요.

어떤 방법을 동원하든 간에 아이 스스로 명심해야 할 것은 공부는 반드시 인고의 노력 끝에 자기 것이 된다는 것입니다. 아이들이 감나무 밑에 누워서 홍시가 떨어지기만을 바라는 일이 없도록 그동안 너무 쉬운 길만 제시해 주지 않았는지 한번 생각해 보세요.

2) 문법 공부는 이렇게 해 보자!

문법 공부는 해야 할까? 안 해도 되지 않을까? 정답은 '반드시 해야 한다' 야. 자신이 원어민과 똑같은 수준으로 영어를 구사하지 않는 한, 문법을 모르면 영어를 제대로 할 수가 없거든. 또한 아무리 영어 단어를 많이 알더라도 문법 기초가 약한 아이들은 장문 독해, 쓰기, 말하기에서 점점 더 버티기 힘들게 된단다.

중학교 2학년인 효정이는 적극적인 행동파로 공부한 내용의 핵심은 빠르게 파악하는 편이다. 하지만 긴 시간 어려운 교재에 매달려 씨름하는 건 질색이다. 효정이는 자신의 이러한 점을 문법 공부에도 참고해서 교과서를 주 교재로 정하고 각 과에 나오는 문법을 공부하기 시작했다. 한 과에 나오는 문법 사항이 그리 많지 않아 부담도 덜되고 다른 문법 교재보다는 더 이해하기 쉬운 것 같기 때문이다.

문법 내용을 익힌 후에는 교과서 본문에서 해당 문장을 암기하고, 마지막으로 자습서 문제를 풀어 보면서 스스로 확인하는 과정을 거쳤다. 좀 더 알고 싶은 부분은 서점에서 직접 산 두껍지 않은 문법 책을 보고 필요할 때마다 좀 더 상세한 설명과 다양한 예문들로 보충해 나갔다.

효정이는 하루에 약 40분에서 길어야 1시간 동안 문법 공부를 하고 있다. 같은 시간 동안 어렵고 두꺼운 문법 교재를 놓고 씨름했을 때보다 더 명쾌하게 이해되는 것 같아서 좋다. 자신의 성향을 반영한 공부를 통해 효과를 제대로 보고 있는 것이다.

영어 문장의 기본 뼈대인 문법 공부는 성격이 꼼꼼한 아이들만 잘할 수 있는 게 아니야. 활달하고 덜렁거리는 친구들이라도 각자에게 맞는 공부법을 찾아서 반드시 자기의 것으로 만들어야 해. 각자 문법을 공부하는 방법은 다양할 거야. 자, 다음 표를 보고 현재 어느 방법으로 문법 공부를 하고 있는지 각자 확인해 본 다음 다른 문법 공부법의 장단점에 대한 자신의 생각도 적어 보자.

현재 나의 문법 공부 방법은? _____ 번

문법 공부법	이 방법의 장점은 무엇일까?	이 방법의 단점은 무엇일까?
① 난 문법책을 딱 한 권만 정해서 그것으로만 해.		
② 난 흥미 있는 책을 반복해서 읽으면서 문법을 자연스럽게 익히는 게 좋아서 영어책을 많이 읽는 편이야.		
③ 현재 가지고 있는 문법책을 보면서 좀 더 알기 쉽게 나만의 문법 정리 노트를 따로 만들고 있어.		
④ 학원 문법 교재로 열심히 공부하고 있어.		

이렇듯 문법을 공부하는 방법은 모두 제각각이야. 반드시 어떤 방법이 맞고 틀리는 것은 아니지. 하지만 자신에게 맞는 방법을 찾기 위해 자꾸 시행착오를 하면서 여러 번 수정해 나가다 보면 어느새 스트레스를 받지 않고도 문법 공부를 하는 자신을 발견하게 될 거야.

문법을 공부할 때 반드시 문법 용어를 외우고 복잡한 용법을 달달 외워야 하는 건 아니란다. 중학교 친구들은 대개 문법이라는 말만 들어도 눈살을 찌푸리는데, 그 이유 중 하나는 문법 용어 자체가 어렵게 느껴지고 뭔가 외울 것도 많다는 생각이 들어서일 거야.

하지만 문법 용어를 모두 알아야 할 필요는 없단다. 다만 영어 문장 안의 각 요소마다 제각기 역할이 있고 각 단어가 그 자리에 쓰인 이유에 대해서는 분명히 알아야 하겠지? 즉 문법 용어(예를 들어, 관계대명사, 가정법, 현재완료 등)는 잘 모르더라도 영어 문장의 구성 성분이 무엇인지, 기본적인 어순은 어떻게 되며 각 단어의 품사는 무엇인지에 대해서는 확실히 알고 있어야 한다. 그래야 나중에 더욱 자세하게 문법을 공부하더라도 쉽게 이해할 수 있거든.

또한 애써 공부한 문법 사항을 그냥 머릿속에 넣어 두지만 말고 읽기, 쓰기, 듣기, 말하기에 다양하게 적용시키는 것 또한 전반적인 영어 실력 향상을 위해 꼭 필요하단다. 단순히 아는 것과 다양하게 적용시킬 수 있는 것은 분명 큰 차이가 있거든.

문법을 전혀 공부하지 않아도 되는 경우가 있기는 합니다. 다음의 두 가지 경우지요.

첫 번째는 영어권 나라에서 자라 영어가 모국어인 학생들의 경우입니다. 이 경우는 왜 여기에 이 단어가 쓰였는지에 대해 의문을 갖지 않고 단지 '문장이 좀 어색하다'는 느낌만으로도 어법 문제를 쉽게 풀 수 있어요.

두 번째는 한국에서 자랐지만 어려서부터 줄곧 영어 듣기와 말하기 환경이 모국어인 한국어와 비슷한 강도로 조성된 경우지요. 이 경우 아빠나 엄마 중 한 분이 영어를 모국어로 사용하는 경우이거나 부모들의 부단한 노력으로 아이의 언어 습득 단계에 맞는 적당한 자극과 동기가 지속적으로 부여된 경우입니다.

아이가 한국에서 자란다면 두 번째 경우는 그리 흔치 않은데요. 이는 단지 15개월 된 아기에게 무조건 영어 동요를 하루 종일 틀어주고 '배고프니?' '엄마에게 장난감 주세요~' 등의 간단한 문장만 엄마표 영어로 대화하는 것으로는 불가능하지요. 또한 어려서부터 유명한 영어 유치원에 보낸다고 가능한 것도 아니에요. 그만큼 외국어인 영어를 한국에서 자연스럽게 익혀 문법 공부가 필요하지 않은 경우는 그리 흔치 않다는 얘기지요.

'문법은 별로 중요하지 않아. 우리나라 학생들은 문법을 아무리 열심히 공부해도 정작 외국인 앞에서는 말 한 마디 못하잖아?' 아직도 이렇게 생각하시나요? 요즘은 너도 나도 영어 듣기, 말하기 중심의 학습이 중요하다고 하지요.

물론 틀린 말은 아니에요. 하지만 여기서 우리는 자칫 엄청난 오류를 범할 수 있어요. 문법 자체를 공부할 필요가 없는 것이 아니라, 문법 공부를 하되 다른 영역과 서로 밀접하게 연계시켜야 한다는 점이에요.

앞으로 영어는 우리 아이들에게 점점 더 듣기, 읽기, 쓰기 그리고 유창한 말하기 실력을 요구합니다. 그렇다면 이 모든 영역을 잘할 수 있고 더 잘할 수 있도록 하는 토대는 무엇일까요? 바로 탄탄한 단어와 문법 실력입니다. 아이가 고등학교에 가서 영어를 더욱 잘하려면 지금부터 아이 스스로 단어와 문법의 중요성을 깨달아야 하지요.

영어 공부는 매일 해야 해요?

중학교 3학년인 윤지는 영어에 관심이 많으나 요즘 성적이 원하는 대로 나오지 않아 고민이 많다. 최근엔 듣기 공부를 위해 모의고사 문제집을 사서 열심히 풀어 보고 영어 학원에서 틈틈이 내주는 영작 숙제도 나름 열심히 해 간다.

올해로 학원에 다닌 지 4년째… 하지만 윤지의 영어는 아직도 오리무중이다. 학교 성적은 90점 정도를 유지하고 있지만, 각종 듣기 시험은 항상 3번으로 답을 찍기 일쑤다. 학교에서 영작을 할 때는 학원에서 배운 문법이나 단어가 도무지 머리에 떠오르지 않아 백지로 낼 때도 많다.

윤지는 영어에 관심은 많지만, 재미있어서 하기보다는 다소 부담감이나 불안감을 가지고 공부하고 있어. 친구들처럼 학원도 열심히 다니고 숙제도 성실히 하지만, 특히 듣기 및 쓰기 공부에 있어서 윤지가 간과한 점이 하나 있단다. 그건 바로 조금이나마 스스로 매일 하지 않는다는 거야.

잠깐! 학원에서 공부하는 것이 그날 영어 공부의 전부라고 생각한다면 큰 착각이란다. 학원에서 배운 내용을 자신의 것으로 확고히 다지는 다소 힘든 과정을 거쳐야만 진짜 영어 공부를 한 것이거든.

그럼 학원에서 열심히 듣고 적은 내용을 완전히 자신의 것으로 만들기 위해 어떻게 해야 할까? 예를 들어, 학원에서 영어 지문을 읽고 문법 설명을 들었다면 집에 와서는,

- 배운 지문을 다시 읽어 보고 아까 봤던 단어들 복습하기 (단어는 단어장에 따로 정리)
- 선생님이 설명한 문법 사항을 다시 보고 완전히 이해하기
- 그날 배운 단어와 문법을 활용해서 스스로 영어 문장 하나만 만들어 보기

이미 배운 것을 활용하여 문장을 만들어 보면 아까 배운 단어의 의미와 쓰임, 문법 사항을 더 확실히 이해하게 되거든.

이렇게 복습하고 스스로 확인해 나가는 공부를 매일 하다 보면 학원에서 배운 내용과 예전에 학교에서 배운 내용을 서로 연결지으며 좀 더 확실히 자신의 것으로 만들게 된단다.

영어는 매일 스스로 복습하는 시간을 갖고 영어에 대한 감을 유지하는 것이 매우 중요해. 예를 들어, 어제는 영어 공부가 잘 되어 두

시간 동안 했는데, 오늘은 밀린 수학 숙제를 하느라 영어 공부를 아예 못했다면 어제 공부한 것이 별 효과를 발휘하지 못하게 되거든. 하루에 단 15분이라도 영어 지문을 읽어 보고 어제 외운 단어를 조금이라도 복습하는 시간을 가져야 영어와 멀어지지 않게 된단다.

혹시 영어 실력을 좀 더 쑥쑥 향상시키고 싶다면 매일 일정 시간을 정해놓고 듣기, 읽기, 말하기, 쓰기 연습을 하도록 노력해 보자. 이때 듣기, 읽기, 말하기, 쓰기를 모두 매일 해야 하는 건 아니야. 시간이 부족하거나 예를 들어 유독 영어 듣기가 하기 싫은 날은 영어 독해 한 문제만 풀어 본다거나 그날 학교 영어 수업시간에 배운 지문을 그냥 큰 소리로 읽어만 봐도 괜찮단다. 여기서 중요한 것은 영어 공부는 조금이라도 반드시 매일 해야 한다는 것이거든.

매일 영어를 공부하는 건 사실 너무 힘들 거야. 그래서 매일 영어를 하도록 스스로를 채찍질하기 위해 자신의 부족한 부분을 표로 만들어 잘 보이는 곳에 붙여 보는 건 어떨까? 막연하게 '영어 듣기를 매일 하자!' '영어 독해를 할 때 좀 더 꼼꼼히 읽자!' '다음 기말시험에는 100점 맞자!' 등은 아무리 봐도 동기부여와 의욕을 불러일으키기 힘들겠지? 목표를 세울 때는 각 영역별로 자신이 준비하는 시험(영어 내신 대비, 토플, TEPS 등)의 구체적인 문제 유형과 자주 틀리는 부분, 그리고 각각의 해결책 등을 자세히 적어 보자.

자, 윤지의 영어 기말시험에 대한 공부 계획표를 한번 살펴볼까?

나의 계획표(시험유형 : 영어 기말시험)

영역별	학습시간 (매일 30~50분)	나의 취약점	해결책 난 할 수 있어!!
어법 및 문장구조	월	• 전치사와 부사의 차이가 자꾸 헷갈림 • 어떤 동사가 자동사인지 타동사인지 모르겠음	• 중학교 필수어휘집 매일 20개 암기 (단어를 외울 때 단어만 각각 암기하지 않고 숙어, 구문 표현을 통째로 외우기) • 단어 정리할 때 특히 동사의 품사를 구별하여 적고 관련 예문을 이해·암기하기(매일) • 어법 문제 풀기 – 세 문제
듣기	화	• 아는 단어가 귀에 들리는데 답은 틀림	• 틀린 문제의 듣기 대본을 큰 소리로 읽어 보기 (잘못 이해한 단어와 표현은 정확히 이해하기) • 듣기 문제 풀기 – 세 문제
읽기	수	• 각 개별 문장의 의미는 알겠는데 단락 전체의 의미는 이해가 잘 안 됨	• 각 문장 하나하나를 꼼꼼히 이해하면서 한글로 해석해 보기 • 자신의 해석을 읽고 어색한 부분 표시해두기 • 교재 해설과 내 해석을 비교해 보기 • 영어로 이해가 안 된 부분을 집중적으로 파악하기
쓰기	목	• 항상 적절한 단어가 생각나지 않음	• 한영사전을 활용하여 영작하기 (하루 두 문장)
총정리	금(1시간)		• 일주일의 학습 내용 복습

전 원래 영어랑 맞지 않아요!

함준이는 중학교 3학년으로 학교 봉사 동아리 회장을 맡고 있다. 매우 활발한 성격으로 주위에는 친구들이 많고 남을 돕는 일에 적극적이다. 지난 여름방학에는 필리핀으로 교회 봉사활동을 다녀왔는데 그 이후 함준이는 영어 말하기에 자신감을 얻었다.

평소에도 외국인과 직접 영어로 말하는 데에 조금도 망설임이 없는 함준이는 영어가 싫지는 않지만 책상에 줄곧 앉아서 영어 단어와 숙어를 암기하는 것은 자신의 성격과는 맞지 않는다고 생각한다. 단순 암기도 재미없고 꼼꼼히 문법 공부를 하는 것도 자신과는 도저히 맞지 않는 것 같다. 평상시 단어와 문법 공부를 소홀히 하다 보니, 시험에서 좋은 점수를 기대하기는 점점 더 힘들어지고 있다.

각자 성격에 맞게 공부하는 것은 효과적인 영어 학습을 위해 필수적이지. 하지만 각자의 성격에 맞는 공부법을 뛰어넘어 누구에게나 적용되는 영어의 변치 않는 진리가 있단다. 그건 바로 영어가 모국어가 아닌 이상 아무리 싫어도 어느 정도의 암기와 반복학습, 그리고 매일 꾸준히 해야만 한다는 점이야.

문제는 영어 공부를 안 해서 못하는 건데 자신이 무조건 영어와 맞지 않는다고 포기해 버리는 태도란다. 단어 공부를 할 때 영어 만화를 읽고 공부하든, 연습장이 아닌 칠판에다 써가며 하든, 인터넷 동영상을 통해 듣기 공부를 하든 간에 그건 각자의 성격과 개성에 따라 결정하면 돼.

하지만 원래 체질상 영어와 맞지 않는다는 말은 이제 그만~! 영어 각 영역별로 누구에게나 적용되는 영어 공부의 공통분모는 인정하고 각자 노력을 기울여야만 영어를 잘할 수 있다는 걸 명심하자.

학교 수업은 너무 지루해요!

　　중학교 1학년인 지효는 학교 성적이 중상위권으로 다섯 살부터 영어 유치원에 다니면서 본격적으로 영어를 배워 왔다. 지효 엄마는 지효를 줄곧 서울 대치동에서 가장 좋다는 영어 학원에 보냈고 지효 역시 친구들이 대부분 다니는 비싼 영어 학원에 다니는 것에 대해 불만이 없다. 만일 유명한 학원에 자신만 안 다닌다면 왠지 불안하고 초조할 것 같은 기분마저 든다.

　　지효는 2학기 때부터 "학교 선생님들은 농담도 재미없고 정말 지루해" 하며 유독 학교 수업시간이 지루하다고 말하는 일이 부쩍 늘었다.

　　"교과서는 옛날에 학원에서 다 배운 내용들이고 정말 수업시간이 견디기 힘들어. 눈 뜨고 자느라 고생이라니까."

　　지효의 지속적인 투덜거림에 엄마는 지효의 영어 수준이 학교 영어 수업보다 월등히 높다고 생각했다. 하지만 지효의 영어 성적은 이상하게도 중학교 1학년 중간고사 이후로 평균 80점 후반을 간신히 유지하고 있다.

"사실 요즘 교과서 열심히 공부하는 애들 거의 없어요. 대부분 영어 학원 교재로 공부해요. 엄마도 그래야 살아남는데요"라고 말하는 아이들도 많지. 물론 아주 틀린 말은 아니야. 앞으로 학교 영어 시험만 보는 것이 아니기 때문에 다양하게 공부하여 각종 영어 시험에 대비하면 좋겠지. 여기서 문제는 학교 수업을 제쳐 두고 학원이나 과외에 올인하는 경우란다.

"학교 수업만으로 좋은 대학에 갔다는 말은 다 거짓말이에요." 이 말도 어느 정도 일리가 있어. 하지만 학교 수업시간에 기본적으로 열심히 한다는 전제하에 스스로 부족하거나 더 보충해야 할 부분은 자신에게 맞는 방법을 통해 필요할 때마다 채워 나가는 것이 좋은 방법이란다.

만일 학원이 도움이 된다면 잠시 학원을 다녀도 좋아. 하지만 문제는 학원/과외수업을 든든한 보험으로 들어두고 맘속으로 가장 많이 의존하는 데에 있단다. 이런 친구들에겐 인기강사의 인터넷 강의나 책장이 꽉 차도록 사다 놓은 다양하고 값비싼 영어 교재들이 든든한 마음의 위안이 되어 주기도 하지.

그런데 진정한 영어의 고수들은 수업시간에 눈이 가장 빛나거든. 이미 아는 내용일지라도 선생님 한 마디 한 마디에 온 신경을 쏟으며 수업시간 내내 바쁘게 보낸단다. 노트 필기도 하고 질문을 하기도 하면서 모든 촉각을 곤두세우고 수업에 임하거든. 이러한 학생들은 대부분 학교 영어 성적뿐 아니라 다른 어떤 시험에서도 그 진가를 드러내지.

왜 그러냐고? 교과서는 가장 기본적인 개념들을 다루고, 그 단원이 예전에 배운 부분과 어떤 관련이 있는지, 왜 중요한지에 대해 자세히 설명해 주거든. 다른 친구들이 학원에서 미리 배워 너무 쉽다고 교실 사물함에 던져놓은 교과서를 영어를 잘하는 아이들은 매우 소중히 여기며 선생님 말씀을 열심히 필기한단다.

게다가 학교 영어 시험에서 좋은 점수를 얻기 때문에 스스로 영어에 대해 긍정적인 확신을 갖게 되거든. 이러한 영어에 대한 긍정적인 생각과 자신감은 혹 앞으로 영어 시험에서 점수가 기대한 만큼 나오지 않더라도 스스로를 추스르고 다시 시작하게 하는 중요한 원동력으로 작용한단다.

켈리 쌤이 추천하는 영어 공부법은 일단 교과서 위주의 개념학습을 완벽하게 한 다음, 부족하거나 추가로 공부할 부분은 혼자서 해결해 보도록 노력하고, 만일 혼자서 도저히 이해하기 힘들다면 그때 가서 단기간 도움을 받는 거야. 물론 스스로 따라잡을 수 있는 시점에 이르면 자기주도학습으로 다시 돌아와야 하겠지?

메마른 토양에 아무리 좋은 씨앗을 뿌려도 거두는 것은 쭉정이밖에 없는 것처럼, 중학교 때는 우선 기름진 토양을 만드는 데 힘써야 한단다. 현재 기초개념에 충실한 교과서를 제쳐 둔 채 다른 영어 공부에만 매달리고 있지는 않는지 곰곰이 생각해 보자. 학교 영어 수업에 최선을 다해야만 고등학교 때도 끄떡없이 영어의 고수로 살아남게 된다는 걸 잊지 마~.

잠깐 쉬어가자!

켈리 쌤의 미국 이야기 4

미국 중학생들의 최대 고민은 무엇일까? 최근의 한 설문조사에 따르면 미국 중학생들이 스트레스를 받는 가장 큰 원인은 '학교 성적과 시험에 대한 부담감'으로 나왔어. 공부에 대한 부담은 우리보다 훨씬 자유로울 것 같은 미국 아이들도 마찬가지야. 그 외의 고민거리로는, '부모님의 지나친 기대와 실망스런 결과, 항상 시간에 쫓기는 것(잠 부족), 맘에 들지 않는 외모(여드름, 살 찌는 것, 작은 키 등) 그리고 운동을 잘 못하는 것' 등으로 대답했어.

영어를 잘하려면 꼭 외국에 다녀와야 해요?

과연 해외 연수나 국내외 영어 캠프는 유창한 영어를 위해 반드시 필요할까? 자, 요셉이의 이야기를 한번 읽어 보자.

중학교 2학년인 요셉이는 항상 적극적이고 경쟁심이 강한 아이로 영어 공부도 나름 열심히 하고 있다. 요셉이 엄마는 남들이 좋다는 학원에도 보내고 학교 공부 역시 소홀히 하지 않도록 학교 영어 선생님들과도 꾸준히 상담해 오고 있다. 근데 별 문제 없이 영어 공부를 잘해 오던 요셉이가 요즘 부쩍 불만이 늘었다. 그 원인은 바로 최근 전학 온 아이 때문이다.

그 친구는 초등학교 4학년 때부터 중학교 1학년까지 캐나다에서 살았는데 그래서인지 영어 수업시간에 발표할 때 보면 발음도 정말 좋고 평소에 열심히 하지 않아도 영어는 늘 만점이라고 한다. 특히 요셉이가 가장 힘들어하는 영어 듣기 시험에서 그 친구는 전혀 어려움 없이 만점을 받는다.

요즘 요셉이는 엄마에게 왜 진작 자신을 유학 보내지 않았느냐며 매일 투정과 원망을 쏟아붓는다. 요셉이 엄마는 올 여름방학에 해외 영어 캠프에 보내고 싶지만 경제적 형편이 안 돼 요즘은 매일 통장 잔고를 놓고 남편과 고민 중이다.

요셉이는 각종 영어 시험에서 자신이 아무리 노력해도 성적이 항상 90점대 초반에서 벗어나지 못하는 원인을 전적으로 외국에서 유학하지 않은 데로 돌리고 있어. 물론 영어권 나라에서 어릴 때 거주한 경험이 있거나 유학을 하고 돌아온 친구들은 그렇지 않은 학생들보다 특히 영어 듣기와 말하기를 훨씬 잘하는 건 사실이야.

하지만 외국에서 4~5년 이상 거주한 아이들은 현지 학생들과 영어로 수업을 들었기 때문에 그 아이들의 영어와 한국 토종 아이들의 영어를 비교하는 것은 당연히 무리가 있지. 너무 부러워할 필요는 없단다. 반드시 해외 연수를 받지 않았다 하더라도 자신에게 맞는 영어 공부법으로 영어를 잘하는 아이들이 주변에 넘쳐나거든.

각자의 노력 정도에 따라 유학이나 어학 연수의 결과 또한 매우 다양하단다. 영어 말하기와 듣기 능력이 향상된 학생이 있는 반면, 잠깐 동안 해외에서 맛본 자유와 색다른 경험에서 벗어나지 못하고 귀국 후 한국 학교 생활에 적응하지 못하는 경우를 주변에서 많이 봤을 거야.

영어 실력 자체가 향상되기보다, 해외 학교에서 아이들이 자율적으로 공부하는 분위기를 잘못 받아들여서 노는 것이 전부인 양 착각과 혼란에 빠져 못 헤어나는 친구들도 꽤 많단다. 결국 이 아이들은 외국과 한국, 그 어디에도 적응하지 못한 채 부모 속을 끓이게 되지.

영어와 한국어 모두 자유롭게 구사하려면 언어 습득장치(the Language Acquisition Device)[3]가 사라지지 않은 13세 이전, 초등학교 저학년 혹은 그보다 더 어렸을 때 외국에서 자연스럽게 외국어를 습득해야만 한단다. 이미 그럴 나이가 지났는데 이제 와서 어떻게 하냐고? 지금이라도 만일 해외 단기 유학 또한 영어 연수를 간절히 원한다면 다음 장을 자세히 읽어 보자.

3. 미국의 언어학자 촘스키(Chomsky) 교수가 1960년대에 처음 주장한 것으로 아이들의 언어 습득능력은 0세부터 13세까지 제일 활발하다고 하였다.

방학마다 해외로 영어 연수를 떠나는 학생들은 계속 늘어가는 추세입니다. 각종 어학시험에서 높은 점수를 따기 위해 어릴 때부터 해외 단/장기 연수를 받는 것이 당연시되기도 하지요. 여러 여건상 해외 연수를 가지 못하는 학생들은 국내 다양한 영어 캠프에 참여하면서 영어에 대한 열정을 불사르고 있습니다.

여기서 잠깐 강남 대치동 엄마들의 영어 교육에 대한 최근의 한 인터넷 기사 내용을 살펴볼까요?

대치동 아이들은 대부분 해외 연수 경험이 최소 1~2년이며 초등학교 저학년 때 해외 연수 경험을 통해 영어 듣기/말하기는 완전히 잡아줘야 한다는 의견이 일반적이다. 다녀오면 귀국 학생들(Returnee)을 위한 전문 영어 학원에서 공부하고 각종 영어 경시대회와 시험기간 중에는 서브 과외를 시킨다고 한다.

대치동에서 두 아이를 5년째 키우고 있는 한 학부형은 두 아이 모두 2학년부터 4학년까지 어학 연수를 시켰고 귀국 후에도 아이의 실력을 계속 유지, 향상시킬 수 있도록 학원 또는 그룹과외를 시키고 있는데, 아이 한 명당 영어 사교육 비용이 1년에 최소 1천만 원 이상이라고 한다.

특히 방학 중에는 해외 어학 연수 및 캠프의 수요가 늘어나는 것은 일반적인 현상이다. 그중에서도 대치동 분위기는 학년에 따라 조금씩 차이를 보인다. 우선 3~4학년은 이미 조기 유학을 마치고 돌아온 아이들이 많다. 대부분 언어 연수 명목으로 1~2년 정도 짧게 다녀온 아이들이다.

초등학교 5~6학년은 유학을 준비하는 아이들이 많다. 국내 유명 대학에 진학할 것인지, 외국에서 학사 과정을 마칠 계획인지에 따라 영어 세부 계획이 달라진다. 엄마들이 많이 선호하는 국제중학교나 특목고/자사고에 진학하기 위해 어학 연수는 이제 필수 코스로 자리 잡았다.

물론 강남의 대치동에 사는 아이들이나 교육열이 높은 부모를 둔 자녀들이 모두 똑같은 과정을 밟고 있는 것은 아니지요. 하지만 대한민국에서 해외 영어 연수는 마치 영어를 잘하기 위해 반드시 필요한 과정처럼 여겨지는 것은 사실입니다. 아이의 현재 영어 수준, 나이, 성격, 건강, 경제형편 등 수많은 조건이 충족되지 않은 영어 연수는 오히려 좋지 못한 결과를 초래할 수 있는데도 말입니다.

어학 연수를 가려면 어떻게 준비해야 되나요?

　어학 연수를 가기로 결심했다면 성격이 소심하건 활달하건 가기 전에 고려해야 할 필수사항들이 있단다. 자, 다음 사항들을 꼼꼼하게 체크해 보자.

어학 연수가 나의 영어 실력 향상을 위해 꼭 필요한가? 다른 방법은 없을까?

　해외 대학에 입학할 계획이라면 어학 연수를 받는 것이 어느 정도 도움이 될 수 있어. 하지만 국내 대학 입학 준비를 위해서라면 반드시 해외 연수가 필요한 건 아니란다.

현재 나의 영어는 어느 수준일까?

　교육과학기술부가 정한 중학생 필수단어는 2,000개 정도야. 자신의 어휘 수준이 적어도 필수단어는 알고 있고 기본 문법 사항도 확실히 이해하고 있어야만 해외 연수를 받을 때

수업 내용을 이해하거나 의사소통에 큰 어려움을 겪지 않게 된단다. 어학 연수를 떠나기 전 탄탄한 기초가 세워져 있어야만 어학 연수를 받은 후 영어 실력이 쑥쑥 향상될 수 되겠지?

부모님이 없어도 스스로 나의 생활을 조절하고 통제할 수 있는 능력이 있을까?

부모님의 잔소리가 없다고 평상시 금지되어 있던 위험한 행동을 할 가능성이 있고 아직 스스로의 행동에 대한 자제력이 부족하거나 감정의 기복이 심하다면 다시 한번 생각해 보자. 잘못된 해외 연수로 이제껏 한국에서 잘 쌓아 온 생활 습관과 학습 습관이 오히려 흐트러질 수 있거든. 한번 흐트러진 습관은 다시 바로 잡기 힘들단다.

스스로 계획하고 다짐한 목표와 세부 계획이 있는가?

한국에 돌아왔을 때 반드시 이루어야 할 목표가 어학 연수를 떠나기 전에 미리 세워져 있어야 해. 구체적인 계획과 목적 의식 없이 무작정 어학 연수를 가게 되면 너무나 많은 유혹에 쉽게 흔들리거든.

만일 이런 사항들에 대해 단 한 가지라도 마음에 걸린다면 단기든 장기든 어학 연수는 가지 않는 것이 더 나을 수 있어. 물론 색다른 문화 체험과 다양한 경험을 쌓기 위해서라면 나름 의미가 있겠지만, 오직 영어 실력 향상 하나만 놓고 본다면 시간과 비용만 낭비할 수 있거든.

여러 가지 열심히 고민해 봤는데도 꼭 어학 연수를 가야 한다면 이젠 성공적인 계획을 세우는 것이 중요하겠지? 영어 성적이 상위권인 중학교 3학년 가연이가 교환학생으로 캐나다에서 직접 실천했던 영어 공부 세부 계획서를 살펴보자. 여기서의 하루 세부 계획은 현지에서 제공하는 연수 프로그램 이외에, 하루 동안 배운 부분을 자신의 것으로 만들기 위해 세우는 거야.

가연이는 하루를 크게 세 부분으로 나누어 자투리 시간을 최대한 활용하려고 노력했단다. 즉, 혼자 있을 때 해야 할 일, 학교에서 해야 할 일, 마지막으로 집에서 해야 할 학습 부분을 각각 자세히 계획했지.

	혼자 있을 때	학교에서	홈스테이(집에서)
어휘 (Vocabulary)	몰랐던 어휘 및 표현 복습, 정리, 질문사항 정리	선생님이나 친구들이 자주 사용하는 어휘, 교재에서 생소했던 어휘를 노트에 따로 적어놓기 (선생님이 쓰는 표현/또래가 쓰는 표현/교재에 나온 표현을 모두 따로 정리하기)	• 학교에서 미처 물어보지 못하고 그냥 지나친 아리송한 어휘와 표현들을 홈스테이 하는 가족들에게 물어보기 (비슷하게나마 발음해 보고 손짓 발짓을 해서라도 창피해하거나 귀찮아하지 말고 반드시 모르는 부분을 묻고 그날 그날 답을 알아내도록 노력하기) • 저녁 준비 시간에는 조리하는 과정을 거들면서 생소한 재료 이름, 요리 과정에 대해 물어보기
말하기 (Speaking)	말하기 연습을 위해 혼자 방안에 틀어박혀 있지 말고 거실로 나가기	매시간마다 반드시 질문 한 번 이상 하기, 문법 걱정 말고 틀리더라도 수업 중 질문에 답변해 보기	• 일상 회화 표현과 질문도 많이 할 것 (최근 주요 사회적 이슈, 기본 식사예절, 환경문제, 한국에 대한 외국인의 시각, 청소년 문제점 등 평상시 관심 있는 주제들의 목록을 만들고 미리 준비해 두었다가 가족들과 토론시간 갖기)
듣기 (Listening)			• TV 시청 중 특정 상황에 대해 자세히 물어보기 (왜 웃는지, 왜 심각한지 등)

	혼자 있을 때	학교에서	홈스테이(집에서)
읽기 (Reading)	기본 어휘와 표현을 익힌 후 방에서 큰 소리로 읽어 보기	지문 중 모르는 단어는 바로 사전을 찾아보지 않고 문맥 속에서 추측해 보기 (모르는 단어는 표시만 해 두고 단락마다 끊어 한글로 간단히 요약해 보기)	• 읽다가 모르는 발음이나 표현은 바로 사전을 찾아보지 말고 원어민 가족에게 그 의미를 물어보기 (설명 속에 포함된 다른 어휘 및 표현들도 덤으로 배우기)
쓰기 (Writing)		숙제를 하면서 모르는 표현이나 맞춤법, 문법 사항은 친구나 선생님에게 꼭 물어보기	• 수업 과제물 검토를 홈스테이 가족들에게 요청하기. 가족들의 수정 사항과 선생님의 것이 다르다면 그 차이점에 대해 다음날 선생님에게 질문하여 꼭 짚고 넘어가기

하루 세부 계획은 각자의 영어 실력과 성격, 취향에 따라 얼마든지 바꿀 수 있단다. 하지만 중요한 것은 계획을 세울 때는 최대한 시간과 장소를 쪼개서 자세히 세워야 한다는 거야. '한국 친구들은 한 명도 만나지 않고 미국 사람들과 지내다 오겠다', '한국 가요나 TV는 절대 시청하지 않겠다', '1년 동안 말하기와 듣기를 향상시키고 돌아오겠다' 등의 목표는 너무 막연하기 때문에 달성하기가 좀처럼 힘들거든.

연수를 마치고 한국에 돌아왔을 때 이루어야 할 최종 목표 또한 스스로에게 항상 상기시켜야만 흔들리지 않을 수 있음을 명심하자.

세부 계획과 각오로 200% 이상의 효과적인 어학 연수를 마치기란 물론 쉽지 않을 거야. 하지만 분명한 목표 설정과 끊임없는 의지가 뒷받침된 친구라면 불가능할 것도 없겠지?

미국으로 어학 연수를 떠날 친구들은 가기 전에 다음 책도 한번 읽어 보자.

Maniac Magee

Jerry Spinelli(Little Brown Books for Young Readers ;

First Paperback Edition, 1999)

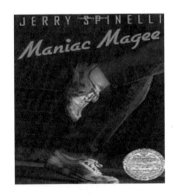

이 책은 사고로 부모를 잃은 한 시골 소년이 서로 다른 인종간의 갈등이 만연해 있는 마을을 변화시키는 이야기야. 책 두께가 그리 얇지는 않지만 곳곳에 모험과 유머가 가득해서 지루하지 않을 뿐 아니라, 어학 연수 가기 전에 읽어 본다면 미국 사회를 좀 더 이해하는 데 도움이 될 거야.

자, 지금까지 다양한 성격 유형에 대해 살펴본 후 각자의 성격에 맞게 어떻게 영어를 공부하면 좋을지 알아보았어. 켈리 쌤은 그동안 고등학교에서 영어를 가르치면서, 어릴 때부터 스스로의 성격에 대해 객관적으로 파악하지 못한 채 자신과 맞지 않는 방법으로 영어를 공부하는 아이들을 볼 때마다 무척 안타깝고 답답했단다.

또한 왜 영어를 공부해야 하는지 영문도 모른 채 이리저리 끌려다니다가 뒤처진 영어를 따라잡을 시기를 놓쳐, 중학교 때 아예 영어 과목을 포기하는 아이들도 많이 봐 왔어. 하지만 영어를 왜 공부해야만 하는지에 대해 분명히 이해하고 스스로의 성격에 대해 제대로 파악하고 있다면 자신만의 영어 공부법을 찾는 건 그리 어렵지 않을 거야.

처음부터 영어를 잘하는 사람은 없단다. 단지 영어를 잘하기 위한 기본 원칙을 성실히 지키고 자신에게 맞는 방법을 끊임없이 찾아 시도해 본 사람만이 결국 영어의 고수가 되는 거지.

자신만의 영어 공부법을 찾아 이를 꾸준히 실천한다면 영어가 각자의 꿈에 날개를 달아 주리라 확신해.

모두 파이팅!

참고자료

- MMTIC™과 어린이 및 청소년의 이해, 서강대 김정택, 부산대 심혜숙, (주)어세스타 2009. 9. 30.
- 영화활용 사이트 : http://www.eslnotes.com/ (간단한 줄거리, 등장인물 소개, 주요 어휘 및 표현 설명, 읽기 및 말하기 활동지)
- 토론수업 활용 : http://www.procon.org/ (최근까지 논란이 되어 온 주요 토론 주제들과 찬성과 반대 의견이 함께 제공됨)
- 게임을 통한 듣기 공부 : http://www.ehow.com/way_5242194_games-improve-listening-skills-kids.html

펜팔 관련 사이트

- http://www.penpalworld.com/
- http://www.interpals.net
- http://penpalsnow.com/
- http://www.penpal-pinboard.de/?
- http://www.penpalgarden.com/
- http://ppi.searchy.net

켈리 쌤의 성격별 영어 공부법

영어, 언제까지 헤맬래?
이젠 끝장내자!

펴낸날   초판 1쇄 2014년 3월 5일

지은이   함규연
펴낸이   서용순
펴낸곳   이지출판

출판등록   1997년 9월 10일 제300-2005-156호
주 소   110-350 서울시 종로구 율곡로6길 36 월드오피스텔 903호
대표전화   02-743-7661 팩스 02-743-7621
이메일   easy7661@naver.com
디자인   박성현
인 쇄   (주)꽃피는 청춘

ⓒ 2014 함규연

값 12,500원

ISBN 979-11-5555-013-7 53740

※ 잘못 만들어진 책은 바꿔 드립니다.

이 도서의 국립중앙도서관 출판시도서목록(CIP)은 서지정보유통지원시스템 홈페이지
(http://seoji.nl.go.kr)와 국가자료공동목록시스템(http://www.nl.go.kr/kolisnet)에서 이용하실 수
있습니다.(CIP제어번호: CIP2014005680)

켈리 쌤의 성격별 영어 공부법

영어, 언제까지 헤맬래?
이젠 끝장내자!